全国中等职业技术学校汽车类专业教材

汽车使用与维护

人力资源和社会保障部教材办公室组织编写

中国劳动社会保障出版社

简介

本书的主要内容包括：汽车认知与使用、汽车消耗品的合理选用、新车检查与日常维护、车辆维护典型作业等。

本书由刘锋主编，董城副主编，刘亮、韦利、张驰参加编写，祖国海主审。

图书在版编目(CIP)数据

汽车使用与维护/人力资源和社会保障部教材办公室组织编写. —北京：中国劳动社会保障出版社，2016

全国中等职业技术学校汽车类专业教材

ISBN 978-7-5167-2613-6

Ⅰ.①汽…　Ⅱ.①人…　Ⅲ.①汽车-使用方法-中等专业学校-教材②汽车-车辆修理-中等专业学校-教材　Ⅳ.①U472

中国版本图书馆 CIP 数据核字(2016)第 170097 号

中国劳动社会保障出版社出版发行

（北京市惠新东街1号　邮政编码：100029）

*

北京市艺辉印刷有限公司印刷装订　新华书店经销

787毫米×1092毫米　16开本　8.75印张　171千字

2016年7月第1版　2023年5月第8次印刷

定价：17.00元

营销中心电话：400-606-6496

出版社网址：http://www.class.com.cn

http://jg.class.com.cn

前言

为了更好地适应中等职业技术学校汽车类专业教学要求，全面提升教学质量，人力资源和社会保障部教材办公室组织有关学校的骨干教师和行业、企业专家，在充分调研企业生产和学校教学情况、广泛听取教材用户反馈意见的基础上，对全国中等职业技术学校汽车类专业教材进行了修订和补充开发。

本次教材修订和补充开发工作的重点主要体现在以下几个方面：

第一，完善教材体系，更好地满足教学需求。

结合职业院校汽车类专业设置和办学特点，调整并完善了教材体系，与专业通用基础教材相衔接，开发了汽车维修、汽车电器维修、汽车钣金与美容、汽车检测、汽车营销等专业方向教材，构建了“通用基础平台＋不同专业方向平台”的教材体系。此外，还针对学校对电控技术、车载网络技术、新能源汽车等高新技术的教学需求，开发了相应的教材。

第二，反映技术发展，适应岗位职业能力需求变化。

随着汽车制造水平的不断提高，汽车维修的内容和工艺发生了相应变化；伴随着私家车保有量的不断增长，汽车营销、汽车美容等相关从业人员的职业能力要求也在发生相应变化。因此，本次修订工作注重在教材中增加新知识、新技术、新材料、新工艺等方面的内容，体现教材的先进性。同时，根据中级工从事相关岗位工作的实际需要，合理确定学习目标，对教材内容的深度、难度做了适当调整，同时注重综合职业能力的培养。

第三，融入先进教学理念，创新教材表现形式。

专业通用基础教材的编写以汽车及其零部件为载体，充分体现专业特色；专业方向教材的编写根据学校教学实际，充分体现一体化教学思路，增加了实训内容在教材中的比重。为了增强教材的表现效果，提高学生的学习兴趣，教材中使用了大量高质量的实物图片，部分教材采用双色或彩色印刷。

第四，开发辅助产品，提供教学服务。

为了方便教学，配套开发了习题册、教学参考书和电子课件。电子课件可通过职业教育数字资源和数字学习中心（http://zyjy.class.com.cn）免费下载。

本次教材修订工作得到了河北、江苏、浙江、山东、山西、广东、广西、陕西等省、自治区人力资源和社会保障厅及有关学校的大力支持，在此表示诚挚的谢意。

人力资源和社会保障部教材办公室

2012 年 7 月

目　录

项目一　汽车认知与使用

任务 1　汽车的基本参数识别

学习目标

1. 能描述汽车主要技术参数的组成及各参数的作用。
2. 能结合实车讲解各个技术参数的含义。
3. 能描述汽车的基本性能指标及作用。
4. 能够针对目标车型收集汽车的主要技术参数和基本性能指标。

任务描述

通过教科书、维修资料及网络等途径收集资料，获取汽车的主要技术参数和基本性能指标的信息。可以分为若干个小组进行，每组对指定车型的信息进行搜集和整理，并派代表向全班做介绍。

知识准备

一、汽车的主要技术参数

汽车的主要技术参数包括主要外部尺寸、机动性和通过性参数、汽车发动机的基本参数以及其他一些性能参数。

1. 主要外部尺寸

（1）车长：从汽车前保险杠最凸出的位置量起，直到后保险杠最凸出的位置，这两点之间的距离，如图 1—1—1 所示。

图 1—1—1　车长

（2）车宽：汽车两侧固定凸出部分（不包括后视镜、侧面标志灯、转向指示灯、挠性挡泥板、折叠式踏板、防滑链）两垂直面之间的距离，如图 1—1—2 所示。

(3) 车高：车辆没有装载且处于可运行状态时，车辆支撑面和与车辆最高凸出部位相依靠的水平面之间的距离，如图 1—1—3 所示。

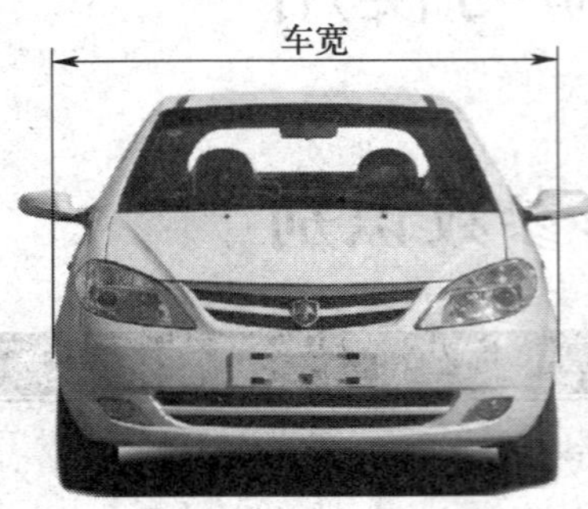

图 1—1—2　车宽

图 1—1—3　车高

(4) 轴距：通过车辆同一侧相邻两车轮的中心点，并且垂直于车辆纵向对称平面的两平面之间的距离，如图 1—1—4 所示。

(5) 轮距：同一车轴上两端车轮中心平面之间的距离，如图 1—1—5 所示。

图 1—1—4　轴距

图 1—1—5　轮距

(6) 前悬：两前轮中心垂面与抵靠车辆最前端垂面之间的距离，如图 1—1—6 所示。

(7) 后悬：两后轮中心垂面与抵靠车辆最后端垂面之间的距离，如图 1—1—7 所示。

图 1—1—6　前悬

图 1—1—7　后悬

确定汽车尺寸所要考虑的因素主要是机械布局和使用要求，其中机械布局根据厂家各自的设计方案有所差异，使用要求则主要由汽车所针对的目标市场级别而定。表 1—1—1 所列为一些乘用车的常见尺寸范围。

表 1—1—1　　主要级别乘用车的常见尺寸范围

单位	车长（m）	车宽（m）	车高（m）	轴距（m）	典型代表
小型两厢轿车	3.6～4.0	1.5～1.7	1.3～1.5	2.2～2.5	夏利
小型三厢轿车	4.1～4.4	1.6～1.7	1.3～1.5	2.3～2.6	丰田 COROLLA
中型轿车	4.3～4.7	1.7～1.8	1.3～1.5	2.6～2.7	凯美瑞
中大型轿车	4.6～4.9	1.7～1.9	1.3～1.6	2.6～2.8	日产 CEFIRO
大型轿车	4.8～5.2	1.8～2.0	1.4～1.6	2.8～3.2	奔驰 S—CLASS
中型越野车	4.5～4.9	1.7～2.0	1.7～2.0	2.5～2.8	三菱 PAJERO
中型 MPV	4.4～4.8	1.7～1.9	1.5～1.9	2.7～3.0	丰田 PREVIA
中型皮卡	4.7～5.0	1.6～1.8	1.4～1.6	2.7～2.9	丰田 HILUX
日本轻自动车	＜3.7	＜1.5	不限	不限	奥拓
美国标准大型房车	5.2～5.5	1.8～2.1	2.5～3.0	3.8～5.3	斯宾特
美国标准多用途车	5.0～5.5	1.8～2.2	1.8～2.2	2.8～3.2	别克 GL8
一级方程式赛车	4.2～4.4	＜1.8	0.9～1.0	2.8～3.1	

2. 机动性和通过性参数

(1) 接近角

车辆静载时，水平面与切于前轮轮胎外缘的平面之间的最大夹角称为接近角，如图 1—1—8 所示。接近角越大，汽车在上、下渡船或进行越野行驶时，越不容易发生触头事故，汽车的通过性能越好。

(2) 离去角

车辆静载时，水平面与切于后轮轮胎外缘的平面之间的最大夹角称为离去角，如图 1—1—9 所示。大离去角使汽车离开障碍物（如小丘、沟洼地等）时不易发生碰撞或卡后保险杠。离去角越大，汽车的通过性越好。

图 1—1—8　接近角

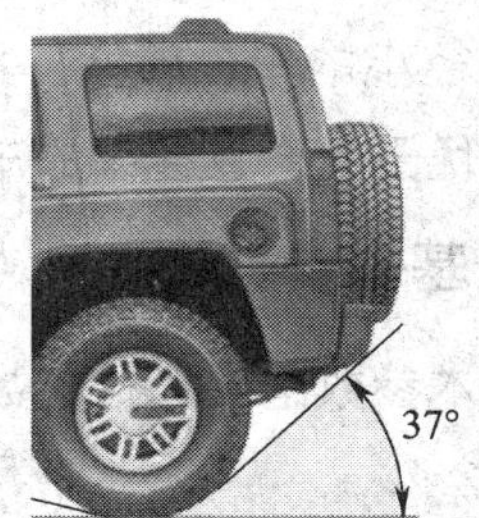

图 1—1—9　离去角

(3) 纵向通过角

车辆静载时，分别切于前、后轮轮胎外缘的两平面相交于车底下较低部位所夹的最小锐角称为纵向通过角，为车辆可以超越的最大角度，如图 1—1—10 所示。汽车的纵向通过性能用纵向通过角来表示。这个夹角越大，汽车被地面凸起物托住的可能性越小，汽车的纵向通过性能就越好。

(4) 最小离地间隙

车辆支撑平面与车辆上中间区域内最低点之间的距离称为最小离地间隙，如图 1—1—11 所示。最小离地间隙越大，车辆通过有障碍物或凹凸不平的地面的能力就越强，但重心偏高，降低了稳定性；最小离地间隙越小，车辆通过有障碍物或凹凸不平的地面的能力就越弱，但重心低，可增加稳定性。

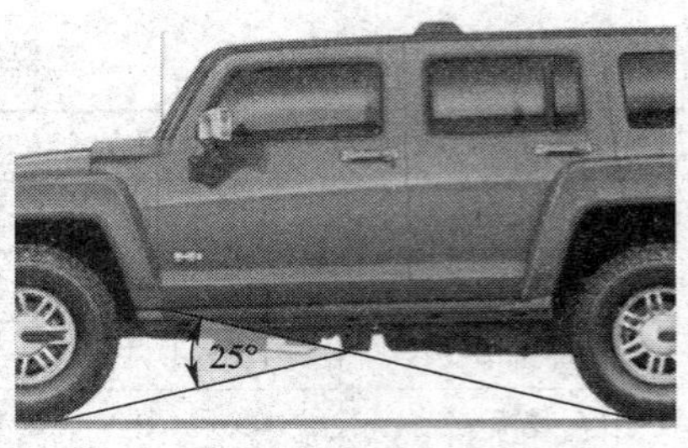

图 1—1—10 纵向通过角

图 1—1—11 最小离地间隙

(5) 转弯直径

转向盘转到极限位置时，外转向轮的中心平面在车辆支撑平面上的轨迹圆直径称为转弯直径，如图 1—1—12 所示。

转弯直径取决于轴距和轮距，轴距和轮距大的车转弯直径就大，当然车体也大。轴距和轮距大的车稳定性、舒适性好，抗侧翻、侧滑能力相对较强，因而安全性相对高些。转弯直径小的车，转弯、掉头、停车，以及行驶的机动性明显优于转弯直径大的车。

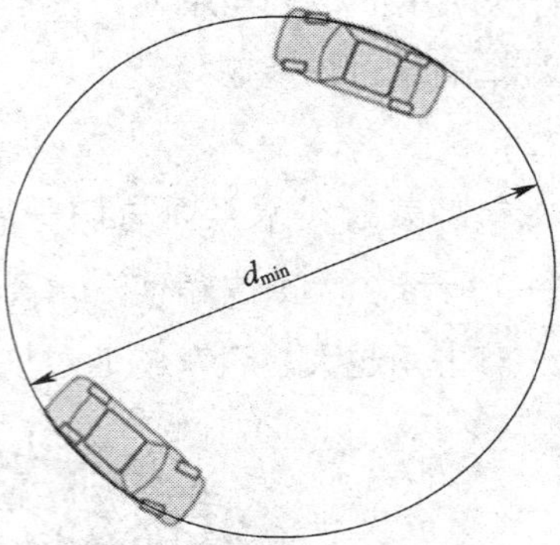

d_{min}

图 1—1—12 转弯直径

3. 发动机基本参数

发动机的基本参数主要包括缸数、气缸的排列形式、气门数、排气量、最高输出功率和最大转矩。

(1) 缸数

汽车发动机常用缸数有 3 缸、4 缸、5 缸、6 缸、8 缸。排量 1 L 以下的发动机常用 3 缸；1 L 以上、2.5 L 以下的发动机一般为 4 缸；3 L 左右的发动机一般为 6 缸；4 L 左右的发动机一般为 8 缸；5.5 L 以上的发动机用 12 缸。一般来说，在同等缸径下，缸数越多，排量越大，功率越高；在同等排量下，缸数越多，缸径越小，转速可以提高，从而获得较大的提升功率。

(2) 气缸的排列形式

一般5缸以下的发动机的气缸多采用直列方式排列，如图1—1—13所示，少数6缸发动机也采用直列方式排列。直列发动机的气缸成一字排开，缸体、缸盖和曲轴结构简单，制造成本低，低速转矩特性好，燃料消耗少，尺寸紧凑，应用比较广泛，缺点是功率较低。直列6缸的动平衡较好，振动相对较小。

大多数6～12缸发动机采用V型排列，即气缸分两列错开角度布置，形体紧凑，V型发动机长度和高度尺寸小，布置起来非常方便，如图1—1—14所示。V8发动机结构非常复杂，制造成本很高，所以使用得较少，而V12发动机则过大过重，只有极个别的高级轿车采用。

图1—1—13 直列发动机

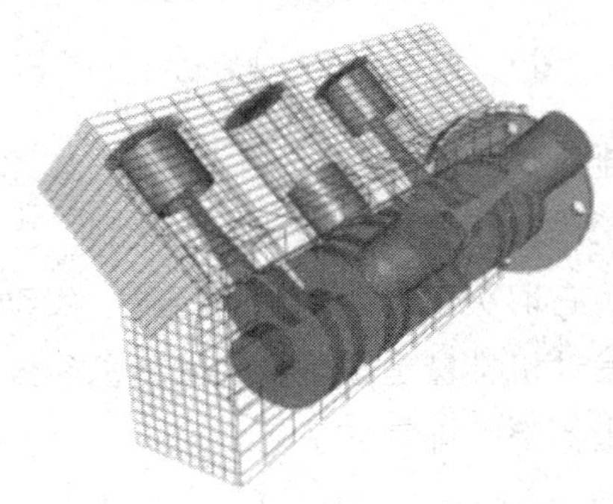

图1—1—14 V型发动机

另外，少数汽车还采用W型发动机（见图1—1—15)、水平对置式发动机（见图1—1—16)、VR型发动机（见图1—1—17)、转子式发动机（见图1—1—18)。

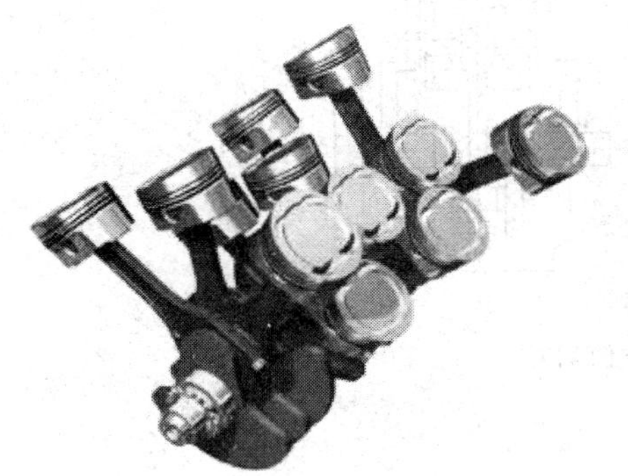

图1—1—15 W型发动机

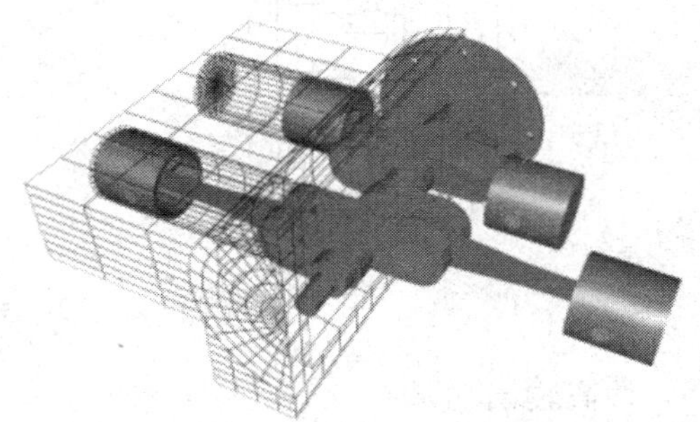

图1—1—16 水平对置式发动机

(3) 气门数

国产发动机大多采用每缸2气门结构，即一个进气门、一个排气门；国外轿车发动机普遍采用每缸4气门结构，即2个进气门、2个排气门，提高了进、排气的效率；国外有的公司采用每缸5气门结构，即3个进气门、2个排气门，主要作用是加大进气量，使燃烧更加彻底。气门数量并不是越多越好，5气门确实可以提高进气效率，但其结构极其复杂，加工困难，采用较少，国内生产的新捷达王采用的就是五气门发动机。

图 1—1—17 VR 型发动机

图 1—1—18 转子式发动机

（4）排气量

气缸工作容积是指活塞从上止点到下止点所扫过的气缸容积（见图 1—1—19），又称为单缸排量，它取决于缸径和活塞行程。发动机排量是各缸工作容积的总和，一般用升（L）来表示。发动机排量是最重要的发动机参数，它比缸径和缸数更能代表发动机的大小，发动机的许多指标都同排气量密切相关。

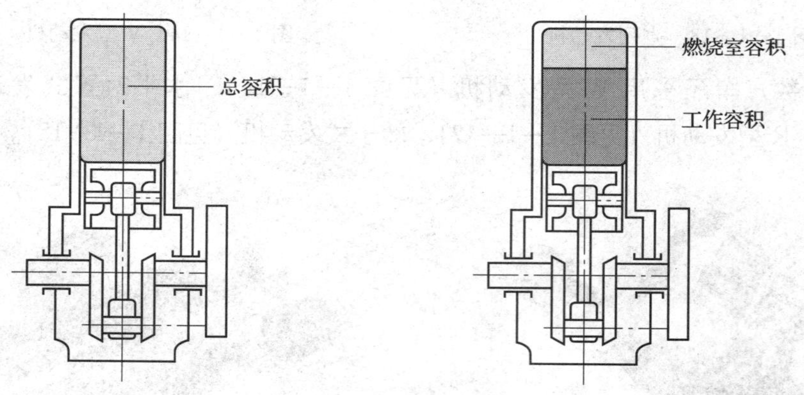

图 1—1—19 发动机气缸容积

（5）最高输出功率

最高输出功率一般用马力（hp）或千瓦（kW）来表示。发动机的输出功率同转速关系很大，随着转速的增加，发动机的功率也相应提高；但是到了一定的转速后，随转速的增加功率反而呈下降趋势。一般最高输出功率及对应的转速要同时说明，如 100 hp（5 000 r/min），即代表在每分钟 5 000 转时发动机最高输出功率为 100 马力。

（6）最大转矩

最大转矩指发动机从曲轴端输出的最大力矩，最大转矩一般出现在发动机的中、低转速范围，随着转速的提高，转矩反而会下降。

二、汽车的基本性能指标

汽车的使用性能是指汽车能适应各种使用条件而发挥最大工作效率的能力。主要有下面几项性能指标。

1. 动力性

汽车动力性可从三方面进行评价。

(1) 汽车的最高车速 (km/h)

最高车速是指汽车在规定载质量条件下，在良好水平路面上能达到的最高行驶速度。大众朗逸轿车最高车速可达到 200 km/h。

(2) 汽车的加速能力

加速能力是指汽车在各种使用条件下迅速增加汽车行驶速度的能力。加速过程中加速用的时间越短、加速度越大、加速距离越短的汽车，加速性能就越好。汽车的加速时间一般是指从 0 加速到 100 km/h 所用的时间或原地起步，通过 400 m 距离所需时间。别克新君威 2.0T 加速时间为 7.7 s；宝马新款 320Li 的加速时间达到了 5.7 s。

(3) 汽车的上坡能力

坡度是指坡高与坡长投影的比值，即 $\tan\alpha$，α 表示坡度角，坡度实际是坡度角的正切值，一般用百分比表示，如图 1—1—20 所示。上坡能力用汽车满载时以最低挡位在坚硬路面上等速行驶所能克服的最大坡度来表示，称为最大爬坡度。

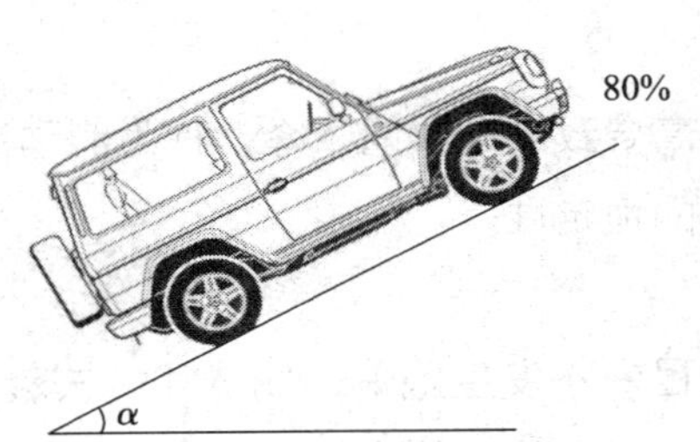

图 1—1—20　爬坡度

不同类型的汽车对上述三项指标要求各有不同。轿车与客车偏重于最高车速和加速能力，载重汽车和越野汽车对最大爬坡度要求较高。但不论何种汽车，为能在公路上正常行驶，必须具备一定的平均速度和加速能力。

2. 燃料经济性

为降低汽车运输成本，要求汽车以最少的燃料消耗，完成尽量多的运输量。汽车以最少的燃料消耗量完成单位运输工作量的能力，称为燃料经济性，评价指标为汽车百公里油耗。百公里油耗指的是汽车在道路上行驶时每百公里平均燃料消耗量。东风汽车有限公司乘用车燃料消耗量见表 1—1—2。

表 1—1—2　　东风汽车有限公司乘用车燃料消耗量

序号	车型	产品型号	燃料消耗量（L/100km）	
			标准限值	综合值
1	轩逸（BLUEBIRD SYLPHY）	DFL7200AA 轿车	10.1	7.80
2	轩逸（BLUEBIRD SYLPHY）	DFL7200AB 轿车	10.1	7.80
3	天籁（TEANA）	EQ7203BA 轿车	11.3	10.00
4	天籁（TEANA）	EQ7203BB 轿车	11.3	10.00
5	天籁（TEANA）	EQ7230BA 轿车	12.0	10.30
6	天籁（TEANA）	EQ7230BB 轿车	12.0	10.30
7	天籁（TEANA）	EQ7350BA 轿车	12.0	10.80
8	天籁（TEANA）	EQ7350BB 轿车	12.0	10.80

3. 制动性

汽车具有良好的制动性是安全行驶的保证，也是汽车动力性得以很好发挥的前提。汽车制动性有下述三方面的内容。

（1）制动效能

汽车迅速减速直至停车的能力称为制动效能。常用制动过程中的制动时间、制动减速度和制动距离来评价。汽车的制动效能除和汽车技术状况有关外，还与汽车制动时的速度以及轮胎和路面的情况有关。

（2）制动效能的恒定性

在短时间内连续制动后，制动器温度升高导致制动效能下降，称为制动器的热衰退。连续制动后制动效能的稳定程度称为制动效能的恒定性。

（3）制动时方向的稳定性

制动时方向的稳定性是指汽车在制动过程中不发生跑偏、侧滑和失去转向能力的性能。当左、右侧制动力不一样时，容易发生跑偏；当车轮“抱死”时，易发生侧滑（后轮抱死）或者失去转向能力（前轮抱死）。为防止上述现象发生，现代汽车设有电子防抱死装置，防止紧急制动时车轮抱死而发生危险。不同路面的状况不同，给汽车行车制动带来的难度也不同，电子防抱死装置能有效地解决这一难题，如图 1—1—21 所示。

湿滑路面

干燥路面

雪地路面

图 1—1—21　汽车在不同路面上的行驶稳定性

4. 操纵性和稳定性

汽车的操纵性是指汽车对驾驶员转向指令的响应能力。轮胎的气压和弹性，悬挂装置的刚度以及汽车重心的位置都对操纵性有重要影响。操纵性直接影响行车安全。

汽车的稳定性是汽车在受到外界扰动后恢复原来运动状态的能力，以及抵御发生倾覆和侧滑的能力。对于汽车来说，侧向稳定性尤为重要。当汽车在横向坡道上行驶、转弯以及受其他侧向力时，容易发生侧滑或者侧翻。汽车重心的高度越低，稳定性越好。合适的前轮定位角度使汽车具有自动回正和保持直线行驶的能力，提高了汽车直线行驶的稳定性。如果装载超高、超重，转弯时车速过快，横向坡道角度过大以及偏载等，容易造成汽车侧滑及侧翻。

5. 行驶平顺性

汽车在行驶过程中由于路面不平的冲击，会造成汽车的振动，使乘客感到疲劳和不舒适，损坏货物。为防止上述现象的发生，不得不降低车速。同时，振动还会影响汽车的使用寿命。汽车在行驶中对路面不平的降振程度，称为汽车的行驶平顺性。

6. 通过性

汽车在一定的车载质量下能以较高的平均速度通过各种坏路及无路地带和克服各种障碍物的能力，称为汽车的通过性。各种汽车的通过能力是不一样的。轿车和客车由于经常在市区内行驶，通过能力要求不高。而越野汽车、军用车辆、自卸汽车和载货汽车就必须有较强的通过能力。

7. 其他性能

汽车的其他性能还包括环保性、可靠性、耐久性等。

任务实施

通过对目标汽车、网络或相关资料的查找完成下面的任务：

一、搜集和整理目标车型的基本信息。

组别：		车辆基本信息			
汽车品牌		最高车速		最小离地间隙	
汽车型号		车长		油箱容积	
汽车颜色		车宽		后备厢容积	
VIN 码		车高		制动器类型	
排量		轴距		轮胎规格	
出厂日期		前轮距		驱动方式	
产地		后轮距		悬架类型	

二、通过收集资料并参照下面的范文完成对目标车型的说明（可以根据收集的信息附加补充说明），以小组为单位派代表向全班做介绍。

赛欧轿车参数性能分析

（一）信息收集

发动机：1.6 L；直列四缸；多点燃油电控喷射；发动机功率 66 kW（5 600 r/min）；发动机转矩 128 N·m（2 800 r/min）；最高车速 170 km/h；0 到 100 km/h 加速时间 12.7 s（手动挡）/13.3 s（自动挡）；压缩比 9.4∶1；90 km/h 时速下燃油经济性每百公里为 5.3 L（手动挡）/5.7 L（自动挡）。

外形参数及其他：制动系统前盘后鼓；轮胎 185/60R14；前悬架为独立麦弗逊式悬架，后悬架为半独立式悬架；最小转弯直径 10 m；最小离地间隙 165 mm；车长 4 026 mm；车宽 1 608 mm；车高 1 420 mm；轴距 2 443 mm；前/后轮距 1 387 mm/1 388 mm；整备质量 950 kg。

（二）参数解读

发动机按气缸的布置形式，可分为直列式、V 型排列和对置式。一般来讲，六缸以下宜采用直列式布置。因为直列式发动机有气缸体结构简单、加工容易等优点。发动机采用什么样的布置形式与它的车型定位有很大关系。如“赛欧”属于紧凑型家用轿车，排量相对商务车较小，所以采用直列式气缸排列是合理的。1.6 L 指的是“赛欧”发动机的排量。因为发动机的每个气缸都有它的工作容积，将每个气缸的工作容积相加得出的和，便是发动机的排量。如“赛欧”的发动机有 4 个气缸，每个气缸的工作容积为 0.4 L，0.4 L×4=1.6 L。

一般来说，从该车的气缸数以及排量大小大致就可以知道这辆车的动力是否强劲，在其他条件一定的情况下，功率越大，车速越高；转矩越大，该车的牵引力越大。“赛欧”的功率是 66 kW（5 600 r/min），转矩为 128 N·m（2 800 r/min）。也就是说，当发动机转速达到 5 600 r/min 时，输出的最大功率为 66 kW；当发动机转速达到 2 800 r/min 时，输出的最大转矩为 128 N·m。

压缩比是指气缸中气体的最大容积与压缩后的最小容积之比。压缩比越大，在压缩终了时混合气的压力和温度越高，燃烧速度也越快，因而发动机输出的功率就越大，经济性就越好。“赛欧”的压缩比为 9.4∶1，属于同类轿车中较高的。

“赛欧”的轮胎规格为 185/60R14，其中“185”表示以 mm 为单位的轮胎断面宽度，即轮胎着路面宽度。轮胎断面宽，与道路接触面积大，散热性能好，对提高汽车行驶平顺性、转向操纵稳定性有一定帮助。“60”表示扁平率的百分数，即轮胎断面的高度与宽度的百分比为 60%；R 表示子午线轮胎；“14”表示轮辋直径为 14 英寸（35.56 cm）。

最高车速和加速性能是评价汽车的两项重要指标。像“赛欧”这样的小车，功率有限，不能以跑车的性能去要求它，最高 170 km/h 的时速对家用轿车来说已经足够。12.7 s 的加速性能在小型家用车中也已经达到相当高的水准。

知识链接

1. 百公里油耗的检测

百公里油耗的检测是在规定的温度、风向、风速等客观环境中，车辆在平坦路面或在底盘测功机上保持某一速度（一般为 60 km/h、90 km/h、120 km/h），厂方通过排气分析仪和碳平衡法（分析尾气中碳元素的含量来判断汽油油耗的多少），最终测算出车型的实验室百公里油耗数据。由于多数车辆在 90 km/h 时接近经济车速，因此，对外公布的理论油耗通常为 90 km/h 的百公里等速油耗。朗逸百公里油耗为 7.7 L；卡罗拉百公里油耗为 8.2 L。

2. 最大功率和最大转矩

发动机最大功率和最大转矩是不是在同一转速下呢？因为发动机启动后，有一个最小的稳定工作转速，随着发动机转速不断增加，发动机的输出功率和转矩也都随之增加，当达到 2 800 r/min 时，转矩达到最大值，但此时的发动机功率并未达到最大值，再增加发动机转速，转矩则减小，功率则继续增加，直至最大功率。有可能两辆车的最大功率非常接近，最大转矩一样，但相应的转速不一样。这种情况在一定程度上表示两辆车的加速特性不一样。当一辆车的最大转矩出现在较低转速时，表明这辆车的爬坡能力和加速性好，很容易超车；而当它的最大转矩出现在较高转速时，则表明这辆车的后备功率大。后者在行驶中负荷率低，故经济性要差一些，一般大型房车会采用这样的发动机。

任务 2　车辆的正确使用

学习目标

1. 能叙述汽车使用寿命的含义及国家相关规定。
2. 能够描述汽车使用寿命的分类、相关指标及改善措施。
3. 能够针对目标车型收集汽车使用寿命的相关指标。
4. 能够描述仪表指示灯和车内相关按键的含义。

任务描述

通过教科书、维修资料及网络等途径收集资料，收集汽车使用寿命、仪表指示灯、车内按键等的相关信息。可以分为若干个小组进行资料的搜集和整理，并模拟 4S 店场景介绍如何正确使用车辆。通过实车观察仪表指示灯和车内按键的位置和功能。

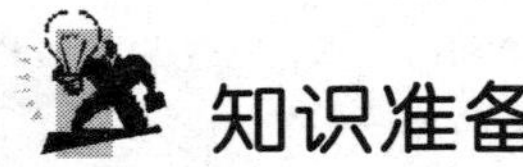

知识准备

一、汽车使用寿命概述

汽车使用寿命是指从汽车开始使用到不能使用之间的整个时期。它可以用累计使用年数或累计行驶里程数表示。

汽车在正常使用过程中其性能将随着使用年限（或行驶里程）的增加而逐渐下降，使用到一定期限就应报废。如果无限制地延长汽车的使用寿命，将导致下列不良后果：

1. 由于车辆老旧，其动力性、经济性大幅度下降，造成燃润料消耗增加，维修频繁，耗费大量的配件材料和工时，致使维修费用剧增。

2. 车辆平均技术速度下降，造成严重的排气公害及噪声公害；车辆完好率下降，导致运输效率下降，运输成本增高等。

研究汽车使用寿命的意义在于保持在用车辆具有良好的使用性能、减少公害、节约能源、提高运力、充分提高车辆的社会效益和经济效益。

二、汽车使用寿命的相关规定

工业发达国家汽车的平均使用寿命一般为 7～12 年。我国交通系统过去执行汽车折旧制度，规定在汽车达到折旧期后，需要经过技术鉴定，才允许车辆报废。由于折旧率过低，车辆得不到及时更新，老旧车的比重大，使企业的技术经济指标落后。

《机动车强制报废标准规定》经 2012 年 8 月 24 日商务部审议通过，并经国家发展和改革委员会、公安部、环境保护部同意，明确根据机动车使用和安全技术、排放检验状况，国家对达到报废标准的机动车实施强制报废，自 2013 年 5 月 1 日起施行新规定。

1. 营运载客汽车与非营运载客汽车相互转换的，按照营运载客汽车的规定报废，但小、微型非营运载客汽车和大型非营运轿车转为营运载客汽车的不得超过 15 年。

2. 不同类型的营运载客汽车相互转换，按照使用年限较严的规定报废。

3. 微型出租客运汽车和摩托车需要转出登记所属地省、自治区、直辖市范围的，按照使用年限较严的规定报废。

4. 危险品运输载货汽车、半挂车与其他载货汽车、半挂车相互转换的，按照危险品运输载货车、半挂车的规定报废。

5. 距本规定要求使用年限 1 年以内（含 1 年）的机动车，不得变更使用性质、转移所有权或者转出登记地所属地市级行政区域。

三、汽车使用寿命的分类

决定汽车使用寿命的因素有汽车技术使用寿命、汽车经济使用寿命和汽车合理使用寿命。

1. 汽车技术使用寿命

汽车技术使用寿命主要取决于汽车各个零部件（总成）的设计水平、制造质量和合理使用与维护方式等。汽车达到技术使用寿命后应进行报废处理。良好的汽车维护保养可以延长汽车的技术使用寿命，但随着汽车使用时间的延长、车型的落后，其维护保养费用日益增加，甚至相当昂贵。

2. 汽车经济使用寿命

汽车经济使用寿命是指汽车在使用相当里程后，汽车磨损老化加快，维护和燃料费用增加，导致运输成本增高，达到不经济的寿命时刻，也就是指汽车在使用过程中获得最大经济效益的年限。一般汽车经济使用寿命为 $30\times10^4\sim50\times10^4$ km。

3. 汽车合理使用寿命

汽车合理使用寿命是以汽车经济使用寿命为基础，考虑整个国民经济发展、汽车运输政策、排放对环境的影响、不同类型车辆出勤率和节约能源等社会因素，制定出考虑实际情况的汽车使用年限。如新车型的出现，尽管老车型未达到技术和经济使用寿命，为获得更高的运输效率和经济社会效益，也可以淘汰老车型。

汽车技术使用寿命、经济使用寿命和合理使用寿命三者的关系一般可以用下列公式表示：

$$技术使用寿命>合理使用寿命\geqslant经济使用寿命$$

国外研究资料表明，一辆汽车的制造费用平均约占全部使用期内总费用的15%，而使用和维修费用则占总费用的85%左右。因此，如果汽车在长期使用中能保持较低的使用维修费用，那么其经济使用寿命延长；反之，则缩短。

许多国家的汽车使用期限完全按经济规律确定，除考虑车辆本身的运行费用增长外，还考虑新车型性能的改进和价格下降等因素。

四、汽车经济使用寿命的指标

汽车经济使用寿命的主要指标有年限、行驶里程、使用年限。

1. 年限

以汽车从开始投入运行到报废的年数作为使用寿命的量标。这种方法除考虑运行时间外，还考虑车辆停驶期间的自然损耗问题。这种计量方法比较简单，但不能真实地反映汽车的使用强度和使用条件，造成同年限车辆之间差异很大。

2. 行驶里程

以汽车从开始投入运行到报废期间总的累计行驶里程数作为使用寿命的量标。这种方法反映了汽车的真实使用强度，但不能反映出运行条件和停驶期间的自然损耗。

对于专业运输车辆而言，由于其运行条件差异较大，所以年平均行驶里程相差很大。这样，虽然使用年限大致相同，但累计行驶里程相差悬殊。汽车运输企业大多数以行驶里程作为考核车辆各项指标的基数。

3. 使用年限

把汽车总的行驶里程与年平均行驶里程相除所得年限作为使用年限的量标，即

$$T_{折}=L_{总}/L_{年}$$

式中 $T_{折}$——折算年限，年；

$L_{总}$——总的累计行驶里程，km；

$L_{年}$——年平均行驶里程，km/年。

年平均行驶里程是用统计方法确定的，与车辆的技术状态、完好率、平均技术速度和道路条件等因素有关。我国城市和市郊运输车辆年平均行驶里程一般为 4×10^4 km 左右，长途货车为 5×10^4 km 左右。

营运汽车在使用过程中技术状况、平均技术速度和道路条件等因素不同，年平均行驶里程差异较大，但车辆的年平均使用强度基本相同。因此，按折算年限基本上可以在全国范围内取得统一指标，这对于社会专业运输车辆和社会零散运输车辆也是适用的。

但是，对于社会零散运输车辆而言，由于其使用强度相差太大，年平均行驶里程也不相同，且管理、使用和维修水平一般都比较低，所以这些车辆不能按专业运输车辆的指标要求，应相对于专业运输企业车辆的使用寿命做适当的修正。

五、提高汽车经济使用寿命的措施

1. 熟悉道路状况

在发动机的各种工作状况中，低速、大负荷状况最为耗油，而在城市道路上行驶，车多路挤，经常需要起步停车，使得车辆在不经意间消耗了不少燃油。因此，每次出行之前，驾驶者应制订一个良好的行车计划，了解所经道路的情况，尽量避免在交通高峰期经过繁忙路段，以免堵车而白白浪费燃油和时间。即使是在自己熟悉的路段行车，也应随时收听交通电台的路况报道，了解最新的路况信息，保持行车的顺畅。

2. 正确换挡

为节省燃油，行驶时勿使发动机以不必要的低转速运转，应尽可能挂入高挡行驶，只有当发动机运转不平稳时挂入低挡。配备自动变速箱的轿车加速时应慢踩加速踏板，勿将踏板踩至强制降挡位置，变速箱选择经济换挡程序，提前挂入高挡，滞后换入低挡，从而降低燃油消耗。

3. 忌猛加油、猛刹车

加油时要轻踏轻放，切忌猛踩猛踏。在城市道路行车时，一般来说速度都较慢，在跟车行进中常有停顿、等候，一些车主为了防止别人“插队”而猛加油、猛刹车，这样很容易发生碰撞事故，更不利于节油。

4. 高速行驶勿开车窗

长途高速行车时，空气气流所造成的行车阻力较大，此时若再打开车窗，气流乱窜不但会造成车体不稳，也会更加费油。高速行驶时应尽可能地关闭车窗，以降低行驶噪声及空气阻力，相应降低油耗。

5. 保持中速行驶

若以最高车速的 3/4 行驶，与最高车速相比，油耗可降低 50%。每种车型都有其最佳的经济速度，即安全速度。大型车一般是 35～45 km/h，小型车则是 60 km/h 左右，此时发动机工作最轻松、最经济，燃烧最充分且污染最小。

6. 定期保养车辆

定期保养不仅能提高行驶安全性，延长汽车的使用寿命，并且还能保证燃油经济性，减少环境污染。技术状态不良的发动机，其油耗要比正常状况高出 10%左右。

7. 减少短距离行驶

发动机及催化转换器达到正常工作温度后，燃油消耗才能达到正常状态。处于冷状态的中型轿车发动机，起步行驶后的 1 km 内，其百公里油耗高达 30～40 L，行驶 2 km 后降至 20 L，大约行驶 4 km 后油耗方能达到正常状态。因此，应尽可能减少短距离行驶。

8. 保证轮胎气压正常

轮胎气压能影响车辆的油耗及轮胎使用寿命，见表 1—2—1。轮胎气压偏高、偏低都会加剧轮胎磨损。此外，还需注意夏季和冬季温度对轮胎气压的影响，适当对轮胎气压进行调整。

表 1—2—1　　轮胎气压与轮胎寿命和油耗的关系

轮胎压力低于标准值	轮胎寿命下降	单位汽油行程数的下降
30%	37%	6.5%
20%	28%	4.5%
15%	20%	3.0%
10%	15%	2%

9. 及时整理后备厢

轿车的负载将影响油耗，因此，应经常检查后备厢内是否装有不需要的物品。车顶行李架使用后应立即拆掉，否则，行驶时会增加风阻，导致油耗上升，例如，车速为 100～120 km/h 时，行李架将使油耗提高 12%左右。

10. 勿盲目使用耗电设备

后风窗加热器、辅助前大灯、鼓风机及空调系统的耗电量均相当大，它们会增加发电机负荷，提高燃油消耗量。例如，后风窗加热器使用 10 h，整车油耗将增加 1.0 L。车主应按实际需要使用耗电设备，切勿盲目使用以增加油耗。

11. 定期检查油耗状况

车主每次行驶后应将耗油量记录下来，以便及时发现油耗非正常增加的原因，采取相应措施，降低油耗。若油耗比正常情况高出很多，则应了解是在何时、何地、何种条件下行驶时油耗非正常上升，以便查出原因，采取措施。

12. 正确选择汽油标号

有些车主认为，车辆使用标号高的汽油好，高标号的汽油会增加发动机动力。其实这种说法是不科学的，盲目选用高标号的汽油，虽能避免发动机产生爆震现象，但高标号汽油配低压缩比的发动机，往往会改变点火时间，造成气缸内积炭增加，长期使用会缩短发动机寿命。但是，如果使用标号偏低的汽油，不仅油耗会增加3%左右，而且会造成发动机气缸和喷油嘴积炭增加，增大汽车的故障率，增加车主的维修费用。车主应根据发动机压缩比选择相应标号的燃油，并到正规的加油站加油。

六、汽车仪表盘图标识读

汽车仪表盘图标和说明见表1—2—2。

表1—2—2 汽车仪表盘图标和说明

名称	图标	说明
ABS指示灯	ABS	用来显示ABS工作状况。当打开钥匙门，车辆自检时，ABS灯会点亮数秒，随后熄灭。如果未闪亮或者启动后仍不熄灭，表明ABS出现故障
EPC指示灯	EPC	常见于大众品牌车型中。打开钥匙门，车辆开始自检时，EPC灯会点亮数秒，随后熄灭。如车辆启动后仍不熄灭，说明车辆机械与电子系统出现故障
O/D挡指示灯	O/D OFF	用来显示自动挡的O/D挡（Over－Drive，超速挡）的工作状态。当O/D挡指示灯闪亮，说明O/D挡已锁止。此时加速能力获得提升，但会增加油耗
安全带指示灯		用来显示安全带是否处于锁止状态。当该灯点亮时，说明安全带没有扣紧。有些车型会有相应的提示音。当安全带被扣紧后，该指示灯自动熄灭
电瓶指示灯		用来显示电瓶使用状态。打开钥匙门，车辆开始自检时，该指示灯点亮，启动后自动熄灭。如果启动后电瓶指示灯常亮，说明电瓶出现了问题，需要检查

续表

名称	图标	说　明
机油指示灯		用来显示发动机内机油的压力状况。打开钥匙门，车辆开始自检时，指示灯点亮，启动后熄灭。该指示灯常亮，说明该车发动机机油压力低于规定标准，需要维修
油量指示灯		用来显示车辆内储油量的多少。当钥匙门打开，车辆进行自检时，该油量指示灯会短时间点亮，随后熄灭。如启动后该指示灯点亮，则说明车内油量已不足
车门指示灯		用来显示车辆各车门状况。任何车门未关上，或者未关好，该指示灯都会点亮，提示车主车门未关好；当车门关好时，车门指示灯熄灭
气囊指示灯		用来显示安全气囊的工作状态。当打开钥匙门，车辆开始自检时，该指示灯自动点亮数秒后熄灭。如果一直点亮，则说明安全气囊出现故障
刹车盘指示灯		用来显示车辆刹车盘磨损的状况。一般情况下，该指示灯为熄灭状态，当刹车盘出现故障或磨损过度时，该灯点亮，修复后熄灭
手刹指示灯		用来显示车辆手刹的状态，平时为熄灭状态。当手刹被拉起后，该指示灯自动点亮。手刹被放下时，该指示灯自动熄灭。有的车型在行驶中未放下手刹会伴随有警告音
水温指示灯		用来显示发动机内冷却液的温度。钥匙门打开，车辆自检时，会点亮数秒，然后熄灭。水温指示灯常亮，说明冷却液温度超过规定值，需立刻暂停行驶。水温正常后熄灭
发动机指示灯		用来显示车辆发动机的工作状况。当打开钥匙门，车辆自检时，该指示灯点亮后自动熄灭。如常亮则说明车辆的发动机出现了机械故障，需要维修
转向灯指示灯		用来显示车辆转向灯所在的位置，通常为熄灭状态。当车主点亮转向灯时，相应方向的转向指示灯闪烁，转向灯熄灭后，该指示灯自动熄灭
远光指示灯		用来显示车辆远光灯的状态，通常情况下该指示灯为熄灭状态。当车主点亮远光灯时，该指示灯会同时点亮，提示车主车辆的远光灯处于开启状态

续表

名称	图标	说　明
玻璃水指示灯		用来显示玻璃清洁液的多少，平时为熄灭状态。该指示灯点亮时，说明玻璃清洁液已不足，需添加玻璃清洁液。添加玻璃清洁液后，指示灯熄灭
雾灯指示灯		用来显示前、后雾灯的工作状况。当前、后雾灯点亮时，该指示灯相应的标志就会点亮。关闭雾灯后，相应的指示灯熄灭
示宽指示灯		用来显示车辆示宽灯的工作状态，平时为熄灭状态。当示宽灯打开时，该指示灯随即点亮。当示宽灯关闭时，该指示灯自动熄灭
内循环指示灯		用来显示车辆空调系统的工作状态，平时为熄灭状态。当车辆关闭外循环，空调系统进入内循环状态时，该指示灯自动点亮。内循环关闭时熄灭
VSC 指示灯	VSC	用来显示车辆 VSC（电子车身稳定系统）的工作状态，多出现在日系车上。当该指示灯点亮时，说明 VSC 系统已被关闭

七、车内功能按键识读

车内功能按键图标和说明见表 1—2—3。

表 1—2—3　　车内功能按键图标和说明

名称	图标	说　明
油箱开启键		用来在车内遥控开启油箱盖。按下该按键，油箱盖打开。不过油箱盖的关闭需要手动完成
ESP 开关键	ESP	用来打开、关闭车辆的 ESP。车辆的 ESP 系统默认为工作状态，为了享受更直接的驾驶感受，车主可以按下该按键，关闭 ESP 系统
倒车雷达键	P	用来根据车主需要打开或是关闭车上的倒车雷达系统。在倒车时手动关闭倒车雷达或是手动开启倒车雷达

续表

名称	图标	说　明
中控锁键		车辆中控门锁的控制按钮。车主可以通过按下该按钮，同时打开或是关闭各车门的门锁。也可以单独关闭某一个开启的车门。该功能有效地保证了车内人员的安全
前大灯清洗键		用来控制前大灯的自动清洗功能。在有前大灯清洗的车辆上，车主可以通过按下这一按键开启前大灯清洗装置，对车辆的前大灯进行喷水清洗
后遮阳帘键		用来控制车内电动后遮阳帘的打开与关闭。在装有电动后遮阳帘的车内，车主可以通过按下这一按键打开或是关闭后窗的电动遮阳帘

任务实施

一、以小组为单位讨论如何提高汽车的使用寿命，并分角色扮演顾客和4S店销售顾问，模拟4S店销售顾问在顾客购车后介绍如何正确使用车辆来提高汽车的使用寿命。

二、在实际车辆中查找功能键的位置，观察触动功能键后车内仪表盘相关指示灯的变化。在教师的指导下接通汽车电源，观察仪表指示灯的变化；启动车辆，观察仪表指示灯的变化；打开车门、后备厢等，观察仪表指示灯的变化。通过观察填写下表。

序号	仪表指示灯工作条件	仪表指示灯
1	点火开关打开后常亮的	
2	点火开关打开后亮一段时间后自动熄灭的	
3	发动机启动后自动熄灭的	
4	其他需要特定操作后才会熄灭的	
5	发生特定情况才会点亮的	

项目二　汽车消耗品的合理选用

任务1　汽车燃料的合理选用

学习目标

1. 能叙述汽车主要燃料的含义及作用。
2. 能叙述汽车主要燃料的牌号与分类。
3. 能叙述汽车燃料性能。
4. 能够针对不同车型选择合适的燃料。

任务描述

现代发动机，不论是汽油机还是柴油机，多为高功率低污染发动机，由于对热的负荷较高，因此强烈建议一定要特别注意机油的品质及更换的时间，以保障行车安全。

通过教科书、维修资料及网络等途径收集资料，获取汽车的主要消耗品的技术参数和基本性能指标等信息，为不同汽车选用合适的燃料。

知识准备

一、汽车燃料的定义

汽车燃料主要指汽油和柴油，是当前汽车运行的主要动力来源。随着全球经济的发展，汽车保有量逐年增加，汽车尾气对环境的污染也日益严重，已成为空气污染的主要原因之一。因此，汽车制造商在不断完善发动机的燃烧系统，采用先进的电子控制技术和高性能的污染净化装置，使用无铅汽油的同时，还不断投入巨额资金，研制污染排放少、利于环境保护的代用燃料和代用燃料汽车。就世界范围而言，最成功的代用燃料是液化石油气（LPG）和压缩天然气（CNG）。

二、汽油的性能要求及牌号

1. 汽油的性能要求

为了确保汽油机正常工作，根据汽油机的工作特点和条件，要求汽油具有良好的蒸发性、抗爆性、氧化安定性、耐腐蚀性、清洁性。

(1) 蒸发性

蒸发性指汽油由液态转化为气态的能力，影响燃料的雾化质量，影响发动机工作。国家汽油质量指标规定：汽油蒸气压小于 67 kPa。

(2) 抗爆性

抗爆性指汽油在汽油机中燃烧时抵抗爆燃的能力。爆燃就是在火焰到来之前，由于某种原因（比如积炭或燃油牌号过低等）气缸内多点同时着火，局部压力和温度猛增，压力波在气缸内高频震荡，火焰传播速度在强烈爆震时可达 1 000 m/s。抗爆性的评定指标用辛烷值表示，辛烷值越高，抗爆性越好。

(3) 氧化安定性

氧化安定性指汽油在储存、运输、加注和其他作业时抵抗氧化生胶的能力。评定指标：实际胶质和诱导期。

(4) 耐腐蚀性

耐腐蚀性指汽油阻止与其相接触的金属被腐蚀的能力。

(5) 清洁性

清洁性指汽油是否含有机械杂质和水分。

2. 汽油牌号

汽油牌号代表汽油的辛烷值，也就是代表汽油的抗爆性，与汽油的清洁无关。所谓“高标号汽油更清洁”纯属误导。按照发动机的压缩比或汽车使用说明书的要求加油，更科学、更经济，并能充分发挥发动机的效率。

汽车发动机在设计阶段，会根据压缩比设定所用燃油的牌号。压缩比是发动机的一个非常重要的结构参数，它表示活塞在下止点压缩开始时的气体体积与活塞在上止点压缩终了时的气体体积之比。从动力性和经济性方面来说，压缩比应该越大越好。压缩比高，动力性好，热效率高，车辆加速性、最高车速等会相应提高。但是受气缸材料性能以及汽油燃烧爆震的制约，汽油机的压缩比又不能太大。燃油牌号越高，油的燃烧速度就越慢，燃烧爆震就越低，发动机需要较高的压缩比；反之，低牌号燃油的燃烧速度较快，燃烧爆震大，发动机压缩比较低。

根据国标 GB 17930—2013《车用汽油》规定，车用汽油按研究法辛烷值分为 89 号、92 号和 95 号三个牌号。车用汽油牌号由“90 号、93 号、97 号”调整为 89 号、92 号、95 号，如图 2—1—1 所示。同时，为了符合汽车工业的发展趋势增加了 98 号车用汽油。

通常，压缩比低于 7.5 可使用 89 号汽油，压缩比在 7.5～8.0 范围内应选用 92 号汽油；压缩比在 8.0～10.0 范围内应选 95 号汽油；压缩比在 10.0 以上的应选用 98 号汽油（部分高压缩比汽车使用）。具体到每一款车，还要考虑到一些实际情况，应以说明书为准，如图 2—1—2 所示。

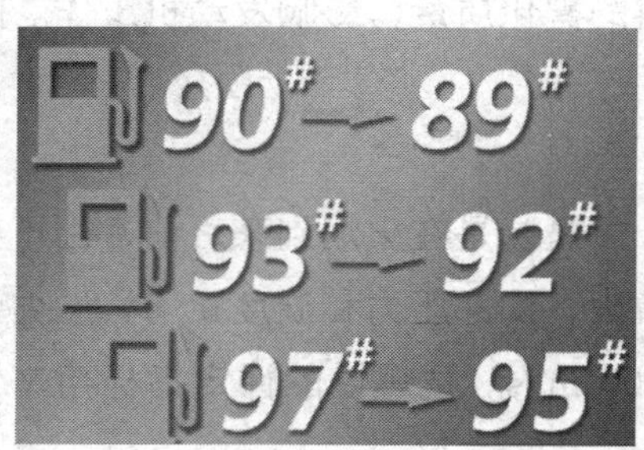

图 2—1—1　汽油牌号的调整

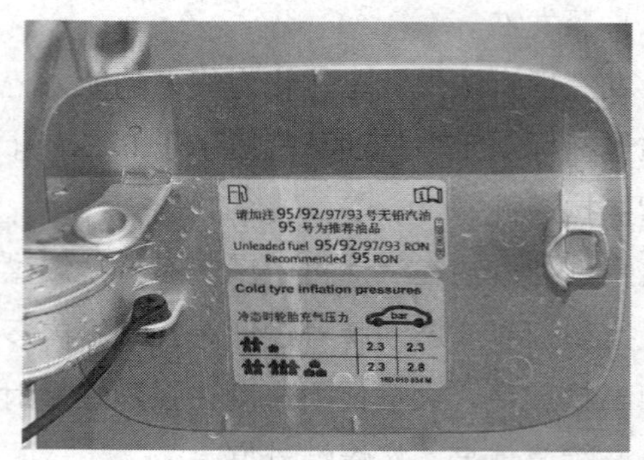

图 2—1—2　某车油箱盖背面信息

3. 汽油使用注意事项

（1）根据汽车发动机的压缩比正确选用车用无铅汽油（按汽车使用说明书要求）。

（2）提倡使用加入汽油清洁剂的清洁汽油。

（3）根据使用条件、使用时间调整汽油牌号。

三、柴油的性能要求及牌号

1. 柴油的性能要求

（1）良好的燃烧性能

燃烧性是指柴油喷入气缸后立即自行着火燃烧的能力。评定指标是十六烷值。十六烷值越高，着火后延迟期越短，越不容易发生爆燃。

（2）良好的低温流动性

柴油的低温流动性是指在低温下，柴油在发动机燃料系统中能否顺利地泵送和通过油滤，从而保证发动机正常供油的性能。评定指标：凝点、浊点、冷滤点。

（3）良好的雾化和蒸发性

柴油的雾化和蒸发性是指液态转化为气态的性能。蒸发性好，柴油机启动性能就好，燃烧完全，不易稀释润滑油，油耗较低，积炭少，排烟也较少；如果蒸发性过高，会影响储运及使用安全性，发动机工作容易粗暴。评定指标：运动黏度、馏程、闪点和密度。

（4）良好的抗腐蚀性

柴油的腐蚀性是指硫分、酸分、水溶性酸或碱对金属材料的破坏作用，尤以硫分腐蚀影响最大。柴油中的硫化物，燃烧后生成 SO_2 和 SO_3。它们与水蒸气作用生成亚硫酸和硫酸，并在气缸内壁形成一层含酸 80%的薄膜，使气缸活塞组零件产生腐蚀磨损。

（5）良好的清洁性

柴油的清洁性用灰分、机械杂质和水分等指标评定。灰分是指柴油中不能燃烧的矿物质，呈粒状，质硬，它是造成气缸壁与活塞环磨损的重要原因之一。机械杂质会造成供油系偶件的卡死，喷油器喷孔的堵塞。水分会降低柴油发热量，冬季结冰堵塞油路，并增加硫化物对零件腐蚀作用，还能溶解可溶性的盐类，使灰分增大。

2. 柴油的牌号和规格

图 2—1—3　柴油

柴油是应用于压燃式发动机（即柴油发动机）的专用燃料，如图 2—1—3 所示。柴油的外观为水白色、浅黄色或棕褐色的液体。柴油又分为轻柴油与重柴油两种。轻柴油用于 1 000 r/min 以上的高速柴油机，重柴油用于 1 000 r/min 以下的中低速柴油机。一般加油站所销售的柴油均为轻柴油。轻柴油产品目前执行的标准为 GB 252—2015《普通柴油》，该标准中将轻柴油改为普通柴油，牌号分为 5 号、0 号、−10 号、−20 号、−35 号、−50 号，柴油的牌号划分依据是柴油的凝固点。

冷滤点是衡量轻柴油低温性能的重要指标，能够反映柴油低温实际使用性能，最接近柴油的实际最低使用温度。用户在选用柴油牌号时，应兼顾当地气温和柴油牌号对应的冷滤点。5 号普通柴油的冷滤点为 8℃，0 号普通柴油的冷滤点为 4℃，−10 号普通柴油的冷滤点为−5℃，−20 号普通柴油的冷滤点为−14℃。

根据 GB 252—2015 标准要求，选用普通柴油牌号应遵照以下原则：

（1）5 号普通柴油适用于风险率为 10%的最低气温在 8℃以上的地区使用。

（2）0 号普通柴油适用于风险率为 10%的最低气温在 4℃以上的地区使用。

（3）−10 号普通柴油适用于风险率为 10%的最低气温在−5℃以上的地区使用。

（4）−20 号普通柴油适用于风险率为 10%的最低气温在−14℃以上的地区使用。

（5）−35 号普通柴油适用于风险率为 10%的最低气温在−29℃以上的地区使用。

（6）−50 号普通柴油适用于风险率为 10%的最低气温在−44℃以上的地区使用。

3. 柴油使用注意事项

（1）在使用油桶加注柴油之前，为保证柴油的清洁，要充分沉淀（不少于 3 天），然后用麂皮、绸布或细布仔细过滤，除去杂质。

（2）在寒冷地区，缺乏低凝点柴油时，可向高凝点轻柴油中掺入 10%～40%的裂化煤油以降低凝点，混合均匀后使用。

（3）严禁向柴油中掺入汽油，因为汽油发火性差，掺汽油会导致启动困难，甚至不能启动。

（4）在低温启动困难时，可采用适当的预热措施，提高发动机温度，也可另用启动燃料帮助启动。例如用乙醚与航空煤油按体积 1∶1 配成的燃料很容易自行着火。

4. 柴油的特点

（1）柴油的能量密度比汽油高出 10%以上，在燃烧过程中，柴油的热效率高达 40%，而等量的汽油热效率只为 30%。

（2）柴油机的功率和加速性好，对环境污染性小，比较省油，其单位功率燃料消耗量比汽油机低 30%~40%。

(3) 柴油闪点比汽油高，使用管理中着火危险性较小，安全性较好。

任务实施

搜集不同车型燃油使用的资料，为奥迪 A6、起亚福瑞迪、比亚迪 F0、三轮摩托车等选择合适的燃料，并说明原因。

目标车型	选择燃料	选择原因
奥迪 A6		
起亚福瑞迪		
比亚迪 F0		
三轮摩托车		
______（其他）		
______（其他）		

知识链接

清洁燃料

1. 定义

清洁燃料是指燃烧时不产生对人体和环境有害的物质，或有害物质微量的燃料，如天然气、液化石油气、煤气、酒精、无铅汽油、核燃料等。与之相反的不清洁燃料是煤炭、含铅汽油、柴油等，燃烧时产生大量二氧化硫、铅蒸气、炭黑等有害物质，要尽量限制使用或转化为清洁燃料后使用，如将煤炭转化为煤气后使用。

2. 清洁燃料分类

清洁燃料可分为四大类：气体燃料（天然气、液化气、氢气）、合成燃料（煤制油、天然气合成气）、醇类燃料（甲醇、二甲醚、乙醇）、生物质能（生物质气化、生物柴油）。以上各种清洁燃料均处于不同的应用和发展阶段。

（1）天然气

天然气作为一种清洁燃料，一度被广泛应用于城市公共交通系统等方面，燃烧后不产生二氧化硫和粉尘，可以减少二氧化碳排放量60%、氮氧化合物排放量50%，有助于减少酸雨，延缓温室效应，改善环境质量。

天然气的主要成分是甲烷（含量一般在90%以上），还含有少量的烃类和CO等，甲烷是一种无色、透明、易燃气体。

天然气作为清洁燃料有以下几个优点：资源丰富，可降低有害排放物的浓度，可有效地提高能源利用率，可降低车用燃料的价格。

（2）乙醇燃料

在众多清洁燃料中，乙醇燃料由于具有来源广泛、抗爆性好、与石油燃料的理化性能相近等特点，因而受到更多的重视。

乙醇是一种无色透明、易挥发、易燃的液体，醇类是烃基和羟基组成的化合物。

乙醇燃料作为清洁燃料有以下几个优点：资源丰富，排放性能好，积炭减少，使用方便。

（3）二甲醚

二甲醚（DME）是一种无色气体，易液化，无毒，无腐蚀性和致癌性，燃烧性能好，热效率高，储运安全，燃烧过程中无残渣、无黑烟，CO、NO排放量低，具有较高的十六烷值、良好的可压缩性。

二甲醚作为一种清洁燃料，具有以下优点：可以有效控制发动机NO排放，使其接近于零；资源丰富，是理想的柴油替代品，解决柴油的危机。

（4）生物柴油

生物柴油是一种生物液体燃料，是生物质能的一种形式，是未来重要的石油替代产品。它以植物油脂或动物脂肪油、废弃食用油等为原料，可直接代替石化柴油或通过与普通石化柴油以任意比例互溶代替石化柴油使用。

生物柴油也称为再生燃料，十六烷值高，能耗低，运输、储存、使用安全，燃烧性能好于柴油，无毒，能生物降解，基本无硫和氮的氧化物生成。

任务 2　汽车润滑材料的检查与选用

学习目标

1. 能描述汽车润滑材料的种类及作用。
2. 能描述汽车润滑材料的性能。
3. 能描述汽车润滑材料的牌号、特点。
4. 能够针对目标车型的实际情况合理选择、使用润滑材料。

任务描述

通过教科书、维修资料及网络等途径收集资料，获取汽车润滑材料的技术参数和基本性能指标等信息。通过检查机油、变速器齿轮油、自动变速器油、润滑脂的实操训练来进一步了解汽车润滑材料的特性和相关工作的流程。实训完成后分小组对任务进行总结归纳，最后派代表向全班做介绍。

知识准备

汽车润滑材料主要包括发动机润滑油、齿轮传动润滑油、自动变速器油及润滑脂等。润滑油的质量对汽车零部件的使用寿命和使用性能影响极大，因此，在润滑油中可以加入各种不同的添加剂以改善润滑油的使用性能。

一、发动机润滑油

1. 发动机润滑油的定义

发动机润滑油又称发动机机油或内燃机机油，是从石油中的重油提炼加工（加入各种添加剂）而成。发动机润滑油品种繁多，是汽车润滑材料中性能要求较高、用量最大、工作条件异常苛刻的一种油品。

2. 发动机润滑油的功能

（1）润滑

润滑作用是发动机润滑油的主要功能。发动机在高速运转时，润滑油被发动机润滑系统送到各摩擦表面形成油膜，使金属间的干摩擦变成润滑油层间的液体摩擦，从而减少机件的磨损，保证机件的正常运转。

（2）密封

润滑油油膜可以附在发动机内部运动部件之间的间隙（如气缸和活塞之间的间隙）内，

这样既可以起到油封的作用，同时保证运动部件自由运转。从密封作用来看，黏度高的润滑油比黏度低的润滑油所起的作用大。

(3) 冷却

燃料在发动机中燃烧后产生的无效热能如不及时排出，发动机会因温度过高而损坏。在发动机工作时，润滑油不断从气缸、活塞、曲轴等摩擦表面上吸取热量并传导到其他温度较低的零件上，其中一部分热量通过油底壳或机油散热器等外部机件消散到空气中，而大部分热量是传导至与冷却液接触的气缸壁上，经冷却后被带出机体散掉。

(4) 洗涤

发动机润滑油在循环过程中，能把附在摩擦表面上的杂质带走，当它们通过机油滤清器时，这些杂质被截留在滤清器中，而干净的润滑油又继续进行洗涤作用，这样反复循环可使机件保持清洁及正常运转。黏度小的润滑油循环速度快，因而它的洗涤作用要比黏度大的润滑油好。

(5) 防锈和消声减振

润滑油吸附在金属表面，能防止酸性气体和水对金属的腐蚀。发动机内部机件摩擦表面上的油膜不但能传递发动机工作时的冲击负荷，还能降低金属与金属之间的振动与噪声，有助于发动机平稳工作。

3. 发动机润滑油使用性能

(1) 黏度和黏温性

黏度是表示油料稀稠程度的一项指标，是润滑油分类和使用的主要依据。

润滑油的黏度是随温度的变化而变化的，温度越高，黏度越小；反之，温度越低，黏度越大。润滑油的黏度随温度变化的特性称为黏温性。

(2) 氧化安定性

氧化安定性是指润滑油在储存和使用中抵抗氧化反应的能力。

(3) 抗泡沫性

抗泡沫性是指在润滑油中加入抗泡剂，以提高润滑油的抗泡沫能力。

(4) 抗磨性

抗磨性是指润滑油在运动部件间形成油膜并保持油膜存在，防止金属之间相互接触的能力。

(5) 抗腐蚀性

抗腐蚀性是指提高润滑油的提炼精度，减少酸值，或是添加防腐剂，使润滑油具有良好的抗腐蚀性能。

(6) 清洁分散性

清洁分散性是指润滑油能将发动机机件表面生成的胶状物、积炭等不溶物分散、疏松，使其悬浮在油中，不易沉积在机件表面，同时能将已沉积在机件上的胶状物洗涤下来的性能。

4. 发动机润滑油在使用中的品质变化及检验

(1) 品质变化

发动机润滑油在使用过程中，由于机械杂质的混入和本身理化指标的降低（老化），油品必然会逐渐变坏。

（2）检验方法

1）外观及气味的检查。

2）油滴斑点检查。

3）爆裂实验。

4）利用油质分析仪检测。

5. 发动机润滑油的分类和产品规格

（1）分类

1）按使用性能（使用等级）分类。汽油机油系列（S系列）共有SC、SD、SE、SF、SG、SH六个等级。柴油机油系列（C系列）共有CC、CD、CD－Ⅱ、CE和CF－4五个等级。各类油品的级号越靠后，其使用性能越好。

2）按黏度分类。冬季用油（W系列）共有0W、5W、10W、15W、20W和25W六个等级，其级号越小，适应温度越低。非冬季用油共有20、30、40、50和60五个等级，其级号越大，适应温度越高。

（2）产品规格

发动机润滑油产品代号是由品种代号（使用等级）与牌号（黏度等级）两部分构成的，每一特定品种都附有规定的牌号，产品按统一的方法命名。例如，SD30是指使用等级为SD级，黏度等级为SAE30的汽油机油；SJ5W/40为使用等级为SJ级，并且既符合SAE5W级油黏度要求，又符合SAE40级油黏度要求的多级汽油机油；SF/CD5W/30则为多级汽油机/柴油机通用油，它符合SF级汽油机油和CD级柴油机油使用性能，并且既符合SAE5W级油黏度要求，又符合SAE30级油黏度要求。

6. 发动机润滑油的选用

（1）按汽车使用说明书选用。

（2）依据发动机使用燃料选用。

（3）机油使用等级的选用。

（4）黏度等级的选用。

（5）依地区季节和气温选择。

（6）根据发动机技术特性选用。

以10W－30为例，前面的10W表示低温黏性指数。因为是低温指数，在低温时，这数值表示了转动曲轴和启动发动机的难易及机油流向发动机各处的润滑性能。数值小则低温黏性小，低温启动时较佳。后面的30表示高温黏性指数。在高温下，提供和保证了浓度、黏度和良好润滑性能。数值大则高温性能较好。

10W－30和5W－30是现在应用比较广的两种机油，因为这两种机油基本上涵盖了正常的温度范围，它们既有低温启动的“稀薄”性，又有高温时的“浓度”保证。

10W－30 和 10W－40 都能适用－18℃以上的温度，但在－10℃以下，10W－40 比 10W－30 要明显地“稠”些（虽然 10W 这个低温参数是一样的）。如果温度低于－18℃，建议用 5W－30；但 5W－30 有高温限制，适用在 40℃以下；并在有些发动机中，5W－30 的最高适用温度会降低到 15℃左右。

二、齿轮传动润滑油

齿轮传动润滑油（简称齿轮油）是用于汽车手动变速器、驱动桥齿轮传动机构和转向机构的润滑油。与其他润滑油一样，具有减摩、冷却、清洗、密封、防锈和降噪等作用，但其工作条件与发动机润滑油不同，因而性能要求也有所不同。

1. 齿轮油的性能指标

（1）油性

齿轮油的油性是指润滑剂介于运动着的机件表面间，使之降低摩擦作用的性能。

（2）极压抗磨性

齿轮油的极压抗磨性是指当摩擦面接触压力非常高时，油膜能抵抗破裂的性能。

（3）黏温性

黏温性是指齿轮油的黏度随温度变化的关系和程度。

（4）热氧化安定性

热氧化安定性是指油料在高温条件下，在空气、水和金属的催化作用下抵抗氧化的能力。

（5）低温流动性

齿轮油要求在低温时也能保持一定的流动性，否则低温启动阻力增加，将使燃料消耗增多。

（6）防腐蚀性、防锈性

防腐蚀性是指保护齿轮不受腐蚀的性能，防锈性是指保护齿轮不受锈蚀的性能。

2. 齿轮油的分类、品种和规格

（1）齿轮油的分类

1）按使用性能分类。分为 GL－1、GL－2、GL－3、GL－4、GL－5、GL－6 六个级别。

2）按黏度分类。我国车辆齿轮油的黏度采用美国 SAE 黏度分类法，按齿轮油黏度为 150 Pa·s 时的最高温度和 100℃时的运动黏度，将齿轮油分为 70W、75W、80W、85W、90、140 和 250 七个黏度牌号，带 W 级号的为冬季油。另外还规定了三个多级油牌号，80W/90、85W/90、85W/140。

（2）品种和规格

1）普通车辆齿轮油。普通车辆齿轮油有 80W/90、85W/90 和 90 三个黏度牌号。

2）中负荷车辆齿轮油。中负荷车辆齿轮油有 75W、80W/90、85W/90、90 和 85W/140 五个黏度牌号。

3）重负荷车辆齿轮油。重负荷车辆齿轮油有75W、80W/90、85W/90、85W/140、90和140六个黏度牌号。

3. 齿轮油的选用

(1) 根据齿轮工作条件的苛刻程度选择使用等级。

(2) 依据季节气温选择黏度等级。

(3) 齿轮油的使用注意事项

1）不能将使用级别较低的齿轮油用在要求较高的车辆上，但使用级别较高的齿轮油可以用在要求较低的车辆上。

2）使用黏度级别过高的齿轮油，将使燃料消耗及磨损显著增加，特别是对高速轿车影响较大，应尽可能使用合适的多级齿轮油。

3）不同使用级别的齿轮油不能混用。

4）严防水分混入，以免极压抗磨添加剂失效。

三、自动变速器油

近年来，装备自动变速器的汽车越来越多。自动变速器属于液力机械传动机构，必须使用自动变速器油（Automatic Transmission Fluid，ATF），也称汽车液力传动油。

1. 自动变速器油的工作要求

(1) 传递功率的效率与油的黏度、起泡程度有关，所以要求油的黏度、起泡程度要合适。

(2) 自动变速器油在自动变速器中工作时，系统内部工作温度可达140～170℃，油的流速可达20 m/s，并且不断与有色金属、空气相接触，所以油的抗氧化性能要求高。

(3) 自动变速器油在系统中工作时，系统内的轴承、齿轮等摩擦副也须用自动变速器油进行润滑，因此，要求自动变速器油应该具有一定的润滑性能。

2. 自动变速器油的分类、品种和规格

我国目前液力传动油尚无国家标准，现行标准是中石油的企业标准（Q/SY RH 2042—2001），该标准将液力传动油分为6号、8号和8D号三种。

6号、8号和8D号液力传动油都是以轻质矿物油或合成油为基础油，加入抗氧化剂、防锈剂、抗磨剂和油性剂等配制而成的。

8号液力传动油具有良好的黏温性、抗磨性和较低的摩擦因数，适用于轿车和轻型货车的自动变速系统。6号液力传动油比8号液力传动油具有更好的抗磨性，但黏温性稍差，适用于内燃机车和重型货车的多级变矩器和液力偶合器。8D号液力传动油的各项技术指标除凝点外，其他均与8号油相同，因其凝点较低，专用于严寒地区液力传动系统的润滑。

3. 自动变速器油的选用

自动变速器油的型号很多，各国的用油规定也不同，一般应按汽车使用说明书的规定选用。目前，世界各国普遍使用美国生产的自动变速器油，主要有通用公司生产的Dexron、

DexronⅠ、DexronⅡ型和福特公司生产的E型、F型。我国的部分国产汽车和进口汽车多用美国通用公司生产的DexronⅡ型和福特公司生产的F型自动变速器油。自动变速器油的型号不同，其摩擦因数也不同，因此既不能错用，也不能混用。如果规定使用DexronⅡ型自动变速器油而错用了福特F型自动变速器油，会使自动变速器产生换挡冲击和制动器、离合器突然啮合的现象；反之，规定用福特F型自动变速器油而错用了DexronⅡ型自动变速器油，则会出现自动变速器离合器、制动器打滑现象，加速摩擦片的早期磨损。

4. 油质检查与油量检查

(1) 油质检查

检查油质、颜色、气味和杂质，确认自动变速器油是否过热变质。

(2) 油量检查

在自动变速器中，自动变速器油液面的高低与油液的温度和变速器的工作状况有关。温度升高，液面也升高，当自动变速器正常运转时，自动变速器油充注在变矩器和各油缸油道内，液面下降，熄火后，液面会升高。因此液面高度的检查是在规定的条件下进行的。具体检查方法应按维修手册进行。

四、润滑脂

润滑脂俗称黄油，是由稠化剂和润滑液体（基础油）组成的一种具有塑性的润滑剂，常温下呈半固态。润滑脂具有许多优良性能，是汽车中不可缺少的润滑材料。

1. 润滑脂的使用性能

(1) 滴点

滴点是指润滑脂在一定试验条件下，从不流动状态转变为流动状态的过程中滴出第一滴润滑脂时的温度，它是润滑脂的耐热性指标，能反映出润滑脂最高使用温度。

(2) 安定性

润滑脂的安定性包括氧化安定性、胶体安定性和机械安定性。

(3) 稠度

稠度是指润滑脂的稀稠程度。

(4) 抗水性、抗磨性

抗水性决定润滑脂是否适用于潮湿或有水的场合，抗磨性是指润滑脂在运动部件间形成和保持油膜，防止金属之间相互接触的能力。

(5) 防腐蚀性

防腐蚀性是指润滑脂能吸附在金属表面以保护金属不受外界物质的腐蚀。

2. 润滑脂的分类、品种和规格

(1) 分类

1) 按基础油分为矿物油脂和合成油脂。

2）按特性分为高温润滑脂、耐寒润滑脂、极压润滑脂。

3）按用途分为减摩润滑脂、防护润滑脂、密封润滑脂。

4）按稠化剂的类别分为皂基和非皂基润滑脂两大类。此种润滑脂分类方式使用得最多。

（2）品种和规格

1）汽车通用锂基润滑脂。

2）钙基润滑脂。

3）钠基润滑脂。

3. 润滑脂的选用

（1）工作温度

若考虑的是温度对润滑脂的影响，就应该选用合适的滴点。

（2）运动速度

若对润滑脂影响最大的是运动速度，就应该选用合适的黏度指标。

（3）承载负荷

若负荷是影响润滑脂的主要因素，就应该考虑针入度指标。

4. 润滑脂的使用注意事项

（1）应按车辆使用说明书的规定，定期或定里程向各润滑点注入相应的润滑脂。

（2）不同类的润滑脂不得混用。

（3）润滑脂应防止沙尘、水分等杂质的侵入，要储存在阴凉干燥的地方，并防止日晒和雨淋。

（4）润滑脂加注量不能过多，否则会使机件的运转阻力增加，工作温度升高。

任务实施

一、选择合适的机油和检查机油液位

1. 选择合适的机油

实训的车型是：

维修手册推荐的机油牌号：

如果车辆在东北冬季使用，对机油有什么使用建议？

2. 检查机油液位

确保轿车停在水平地面上，手刹已经拉上且发动机已经熄灭。如图2—2—1所示，打开发动机罩（通常在仪表板下方会有一个拉杆），并利用撑杆将其支撑好。避免接触高温的发动机。等待 1 min，以使机油处于静止状态。

戴上防护手套并拔出油尺（可以从发动机的凸出部分找到，其标志是末端为环状）。使用纸巾将它擦干净并重新放回去，应完全放好并等待几秒钟。再将其取出，然后检查油位，如图 2—2—2 所示。

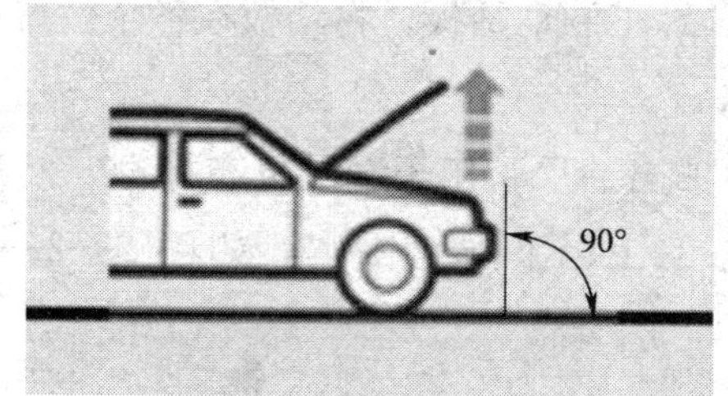

图 2—2—1　打开发动机罩

图 2—2—2　检查油位

油位应显示在油尺最高位标记和最低位标记之间，根据需要进行补充。参考图 2—2—3 确定需要补充多少机油，数量均为估计值，仅作为指导。

打开油滤的盖子，使用适量的机油进行补充，最好使用漏斗，如图 2—2—4 所示。瓶子上的刻度说明用去了多少。重新检查油位。

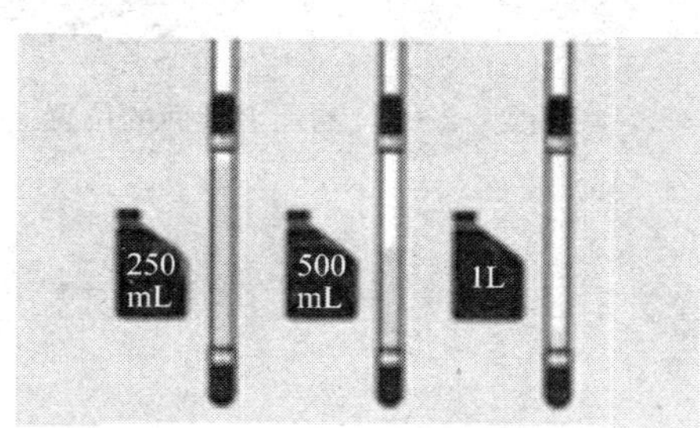

图 2—2—3　确定需要补充的机油量

图 2—2—4　补充机油

重新放好油尺并盖好油滤的盖子，如图 2—2—5 所示。将发动机罩上的手指印记擦干净，并使用湿毛巾将手上沾的油污擦净，所有的废弃材料都应在合适的地方进行处理。

如果发现油位低于油尺的最低标记，需要检查在最近一次更换机油后行驶了多少里程。如果无法确定，查阅手册以了解推荐的油料更换间隔，或者如果行驶里程已经超过了保养周期的行驶里程，建议对机油进行一次完全更换。如果里程在保养周期的行驶里程范围之内，可以先补充机油，并定期检查机油液位，如持续偏低则可能存在一些技术问题，需要到汽车 4S 店进一步检查。

如果机油中含有白色的斑点，表示发动机的冷却液可能因为发动机内部故障而混入机油中，需进行检查。

图 2—2—5　放回油尺并盖好盖子

二、变速器齿轮油的检查

1. 自动变速器油液面高度的检查

(1) 车辆行驶一段距离后，让变速器油液达到正常的工作温度70～80℃。

(2) 将车辆停在水平路面上，发动机继续运行，踩下制动踏板，将踏板在各个位置停留片刻，然后将挡位手柄回到停车位置，拉上手制动。

(3) 发动机继续运转，从自动变速器加油口中抽出油尺，用干净的棉布擦净，然后再次插入油尺，抽出后检察油面高度，应该在热态的上、下限范围内，如图2—2—6和图2—2—7所示。

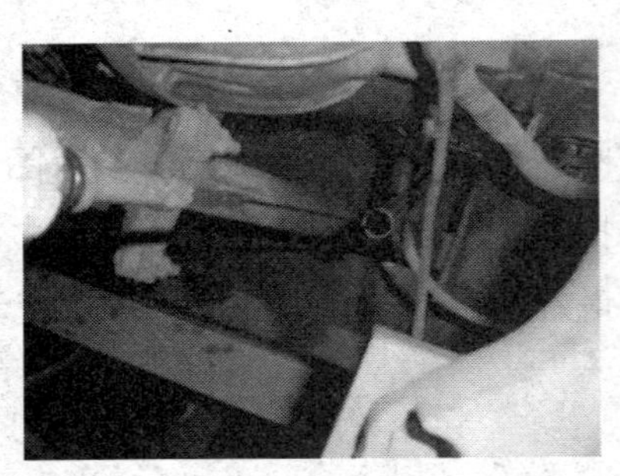

图2—2—6 自动变速器油液面高度的检查

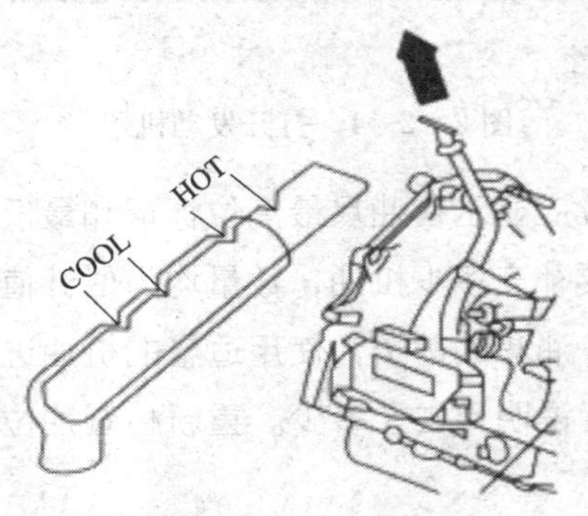

图2—2—7 油尺上液面的位置

2. 自动变速器油质量的检查

(1) 将少许油尺上的油液放在手上捻搓，查看是否有渣粒存在，并感觉其黏度，如图2—2—8所示。

(2) 检查油液是否有臭味，是否有烧焦的味道。

(3) 油品质量良好时为鲜红色，无异味，无残渣，否则应更换自动变速器油。

3. 自动变速器油更换

(1) 准备拆装工具、自动变速器油、油盆及其他辅助工具。

(2) 拆卸汽车底板，如图2—2—9所示。

(3) 放油，取下放油孔塞，放出自动变速器油，更换新衬垫后装回拧紧，如图2—2—10所示。

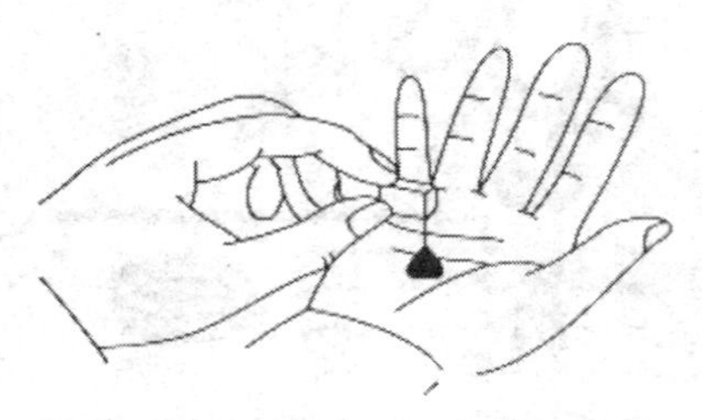

图2—2—8 自动变速器油液的质量检查

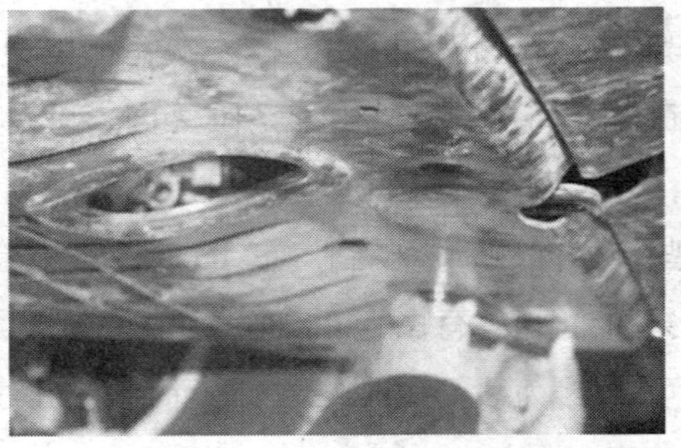

图2—2—9 拆卸汽车底板

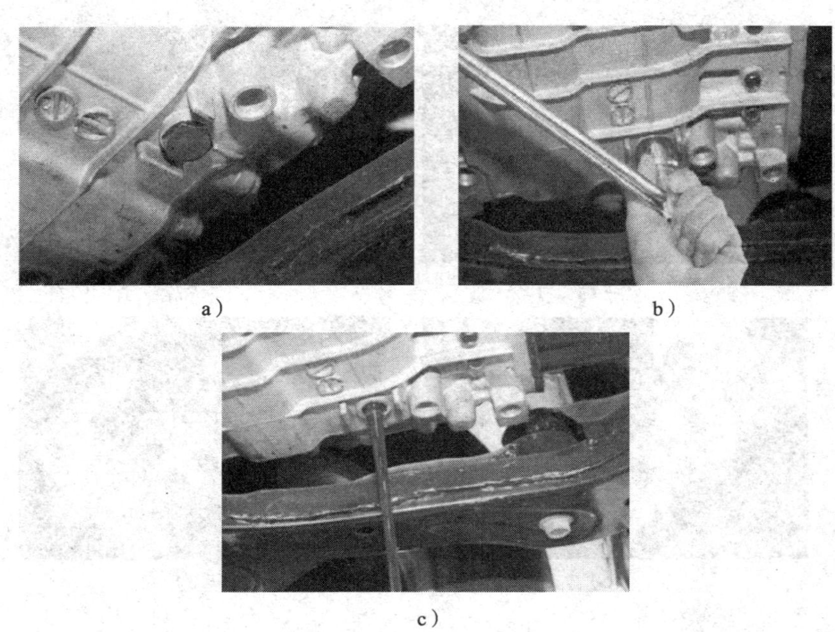

a）　b）　c）

图 2—2—10　自动变速器放油

a）自动变速器放油螺栓　b）拆自动变速器放油螺栓　c）放自动变速器油

(4) 从自动变速器标尺导管处向变速器加注变速器油（可以制作一个一次性的纸质漏斗以便快速加注自动变速器油)，如图 2—2—11 所示。

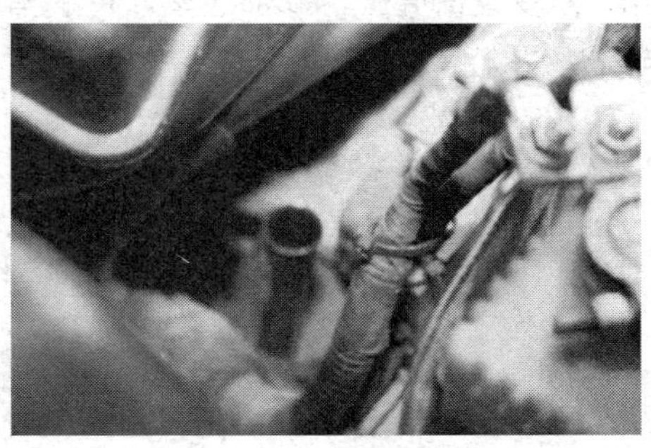

图 2—2—11　注油

(5) 启动发动机，在发动机怠速运转的情况下，移动选挡杆，经所有的挡位后回到 P 挡位，然后再加油至规定的标准，如图 2—2—12 所示。

(6) 检查自动变速器油液位，液位应在 HOT 范围内，启动发动机检查自动变速器油液是否渗漏。

(7) 装汽车底板。

4. 手动变速器齿轮油检查

(1) 泄漏检查

检查手动变速器的下述区域是否漏油:

1）变速器壳的接触面。

2）驱动轴和拉索伸出的区域。

3）油封表面。

4）排放塞和加注塞表面。

(2) 液位检查

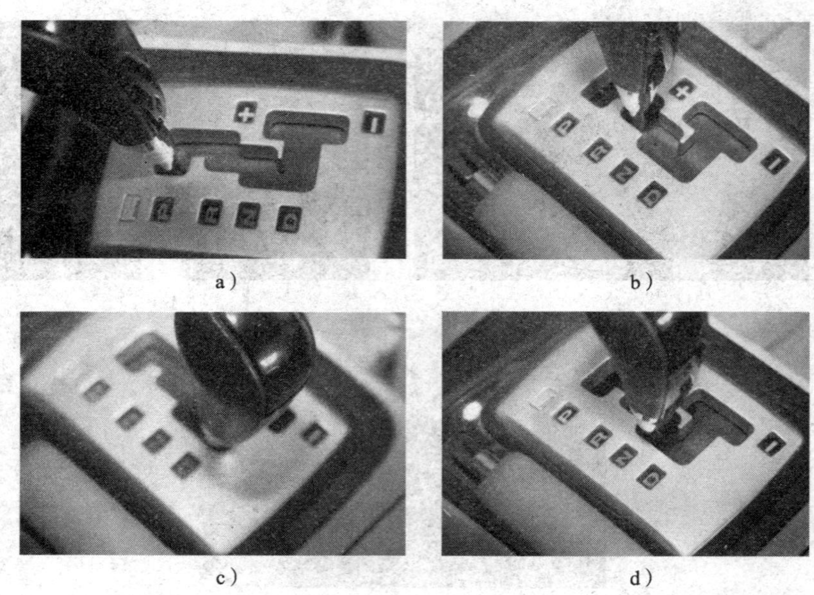

图 2—2—12 各挡位测试

a）挂入P挡 b）挂入R挡 c）挂入D挡 d）挂入N挡

从变速器壳上拆卸加注塞，将手指插入塞孔，检查油与手指的接触情况，如图 2—2—13 所示。

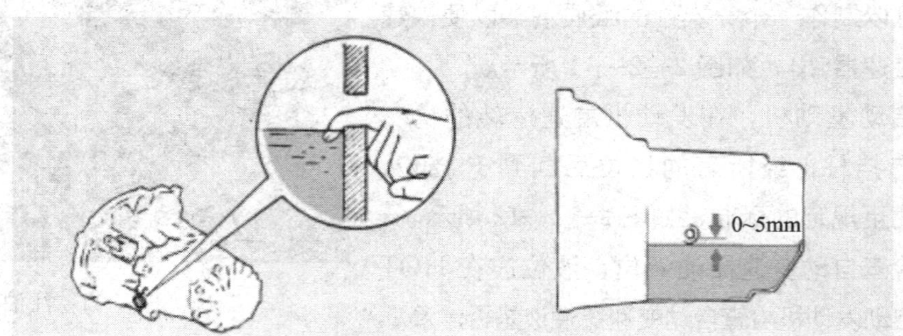

图 2—2—13 手动变速器油液位的检查

同时要察看齿轮油的颜色是否发黄或者发红，凡有发红、发黄都为变质齿轮油，应及时更换；用手捻搓检查齿轮油是否黏滑，如不黏滑则需更换；用鼻子闻是否有怪味，如果有则需更换新油。

（3）更换手动变速器油

1）拆卸加注塞、排放塞和两个垫片，然后排放变速器油。

2）将油排放之后，用新垫片重新安装排放塞。

3）重新加注规定量的新变速器油。

4）用一个新垫片重新安装加注塞，如图 2—2—14 所示。

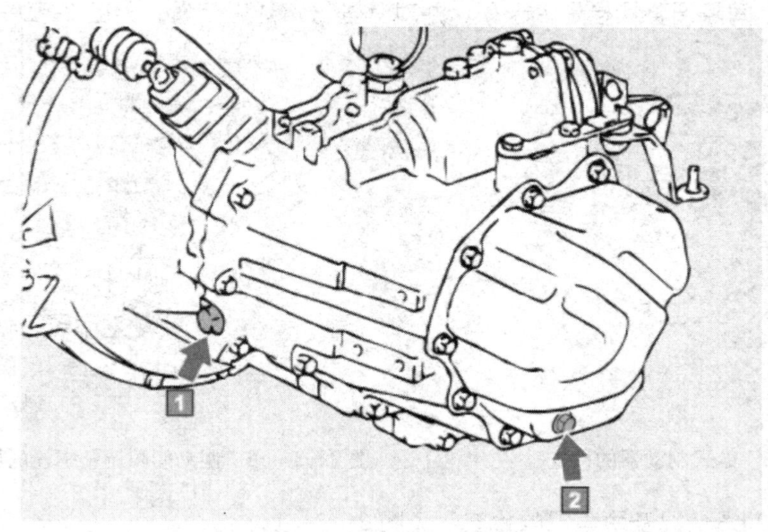

图 2—2—14　更换手动变速器油

1—加油塞　2—排放塞

三、润滑脂的检查

1. 车身的检查

(1) 打开车辆发动机盖，检查发动机盖铰链有无松动，视情况进行润滑。

(2) 打开后备厢盖，检查后备厢盖铰链有无松动，视情况进行润滑。

(3) 打开车门，检查车门铰链有无松动，视情况进行润滑。

(4) 检查座椅滑轨是否损坏，安全带螺栓有无松动。

2. 底盘的检查与润滑

(1) 底盘零部件检查与润滑

1) 将车辆举升至适当高度，用轮胎气动扳手拆卸车轮。

2) 检查盘式制动器浮动销是否卡死、生锈，浮动销的防尘罩是否老化、破裂。

3) 若有必要，拆下浮动销进行清洁润滑。

4) 浮动销的拆装方法：先用梅花扳手拆下浮动销两个固定螺栓，然后取出卡钳，拔出浮动销；清洁、润滑完毕，按拆卸相反顺序装回浮动销。

(2) 鼓式制动器的检查（见图 2—2—15）

1) 拆卸车轮，取下制动鼓，用旋具轻轻撬起摩擦片，检查摩擦片与制动背板间是否磨损，并实施润滑。

2) 若有必要，拆下鼓式制动器进行清洁润滑。

3) 鼓式制动器拆装方法：先拆下回位弹簧，然后拆卸摩擦片支撑销，清洁润滑完毕按拆卸相反顺序装回。

4）检查制动间隙调整螺栓是否卡死，并对其进行清洁、润滑，如图 2—2—16 所示。

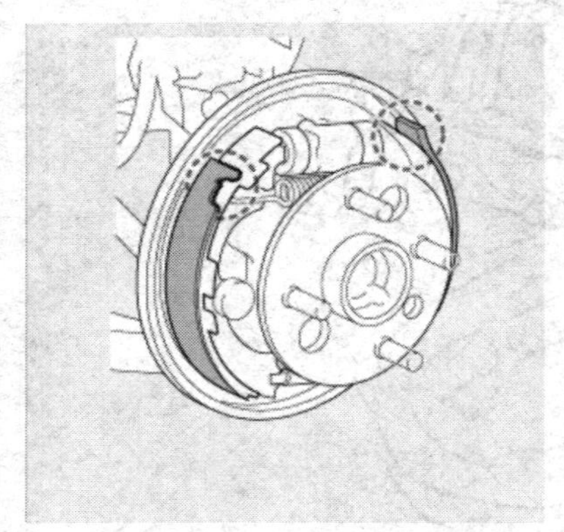

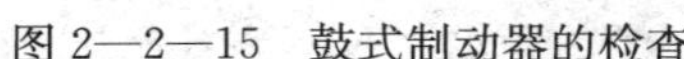
图 2—2—15 鼓式制动器的检查

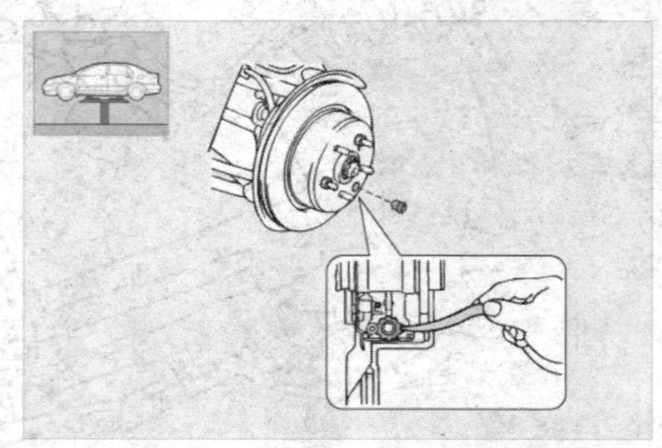

图 2—2—16 制动间隙调整螺栓的检查

（3）驱动轴润滑情况及防尘罩的检查（见图 2—2—17）

1）转动驱动车轮，检查驱动轴防尘罩是否老化、破裂以及有无异响。

2）检查驱动轴防尘罩有无油脂泄漏。

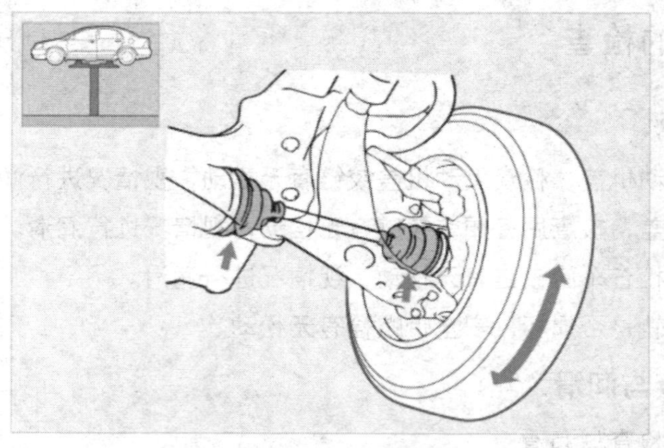

图 2—2—17 驱动轴防尘罩的检查

3. 车身、底盘零部件的检查和润滑过程中的注意事项

（1）必须根据维修手册规定选用相同型号或级别更高的润滑脂。

（2）驱动轴球笼必须加注高速轴承专用润滑脂。

（3）加注润滑脂前应检查零件状况。

（4）加注润滑脂前应对零件进行清洁。

（5）维护加注完毕必须检查安装状况。

任务3　汽车其他工作液的检查与选用

学习目标

1. 能描述汽车其他工作液的种类及作用。
2. 能描述汽车其他工作液的性能。
3. 能描述汽车其他工作液的牌号、特点。
4. 能够针对目标车型的实际情况合理选择、使用汽车其他工作液。

任务描述

通过教科书、维修资料及网络等途径收集资料，获取防冻液、制动液、玻璃水、转向助力液等汽车工作液的组成、功用等信息。通过制动液排空气、转向助力液排空气来进一步了解相关工作的流程和工作液的特性，为日后从事相关服务工作做铺垫。实训完成后分小组对任务进行总结归纳，最后派代表向全班做介绍。

知识准备

一、防冻液

目前，汽车发动机冷却系统（见图2—3—1）中一般都注入防冻液。防冻液是汽车发动机冷却系统内的主要工作介质，主要作用是在发动机冷却系统中通过强制循环，使发动机保持合适的工作温度。人们将其称为“防冻液”是因为该液中含有某些结冰点较低的化学成分，从而能保护低温下汽车的发动机和水箱不结冰。

1. 防冻液的组成

防冻液一般由基础液和添加剂两部分组成。基础液一般由水和醇组成。目前，最常用的是乙二醇和二甘醇。

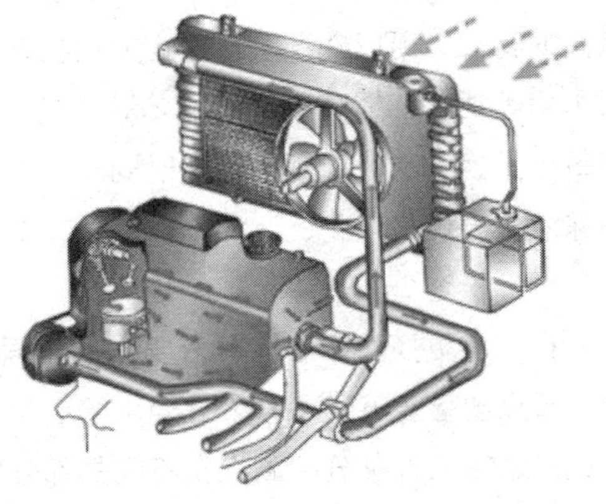

图2—3—1　冷却系统

添加剂是为了改善防冻液的性能，或使其具备某一方面的特殊性能，在防冻液的制备过程中，除了基础液外，还需要加入防腐剂、阻垢剂等添加剂。目前，市场上的防冻液分为三种：水型防冻液、甘油—水型防冻液、乙二醇—水型防冻液。三者最大差别在于水型防冻液冰点低，可在低温环境中使用，但沸点低。甘油—水型防冻液沸点高，但降冰点效率低。乙二醇—水型防冻液沸点高，冰点低。

2. 防冻液的作用

(1) 防冻功能

防冻液具有防冻功能。防止发动机冷却液在冬季温度较低时出现冰冻而引起严重的发动机故障。一般普通型的防冻液都可达到−40℃，而优质的防冻液应能达到−60℃左右。

(2) 防腐防锈功能

发动机及其冷却系统是金属制造的，有铜、铁、铝、钢，还有焊锡。水或者劣质的防冻液在高温下与金属接触，时间长了都会腐蚀和生锈。优质的防冻液不仅不会对发动机冷却系统造成腐蚀，还具有防腐、防锈功能。

(3) 高沸点功能

水的沸点是100℃，优质的防冻液沸点通常为110℃，这样在夏季使用，防冻液比水更难开锅，如图2—3—2所示。

(4) 防垢功能

用水或者劣质防冻液在发动机冷却系统中运行，在加热蒸发后，那些含在水里的矿物质集成水垢沉积在金属表面。由于水垢的形成导致发动机产生的热不能及时传给防冻液，使缸套温度升高，缸套与活塞的配合间隙不当，造成缸套与活塞环擦伤磨损，严重时会使活塞卡死，对发动机有致命的危害。如果水垢产生在水箱内，则将影响散热器的散热效果，导致水温升高而“开锅”，而优质的防冻液采用蒸馏水制造，并加有防垢添加剂，所以不会产生任何水垢。

图2—3—2 开锅故障

3. 防冻液的更换

防冻液的更换与季节没有关系。防冻液除能降低凝点、防冻外，还具防锈、防腐蚀、沸点高的特性，所以在冬季可防止发动机冻裂，夏季可以防止发动机开锅，同时还具有防止产生水垢等功能，提高散热效果。对那些长时间运行的车辆，比如出租车等，一般优质的防冻液每年更换一次，而那些运行时间短的车辆可每两年或每3×10^4 km更换一次。如检查发现防冻液内出现悬浮物、沉淀物或变质、变色，应及时更换并清洗冷却系统。

(1) 检查

在彻底更换防冻液之前，要先做全面检查，看看各个管道有无泄漏的痕迹，是否有裂缝，重点要检查五通水管，五通水管因为有五个连接各个部位的接口而得名，防冻液就是在流经五通管后，被分配到汽车不同的部分发挥作用。如果这个部分有泄漏防冻液的现象，应该根据情况更换水管或重新固定接口。

(2) 放水

将旧的防冻液放出，之后用清水清洗液体通道。将清水加入防冻液补充罐，随后往罐里注入清水，使清水连续不断地流经发动机冷却系统，然后启动车辆怠速运行 3～5 min，让水循环起来。开始从罐里流出的水有点淡淡粉红色，继续注入清水，直至流出来的水是干净的。注意别忘了将暖风水管拆掉，把暖风水箱的水放干净。

(3) 更换新防冻液

放水大约 1 h 后，将新的防冻液由水箱（散热器）的水管加入，这是让防冻液快速流入水箱的方法。随后将另一桶防冻液加入防冻液罐，加到防冻液罐快满了为止，打着车 10 min 左右，这时冷却系统由于排除了部分空气，液面有所下降，再把防冻液加进去，加注到储液罐的最高标记“MAX”为止。

(4) 注意事项

1）尽量使用同一品牌的防冻液。不同品牌的防冻液所使用的金属缓蚀剂不相同，因此不同品牌的防冻液不能混用，不同颜色的也不可以混用。

2）防冻液的有效期通常为 2 年，添加时应确认该产品在有效期之内。更换时应放净旧液，将冷却系统清洗干净后，再换上新液。

3）避免兑水使用。无机型防冻液不可以兑水使用，那样会生成沉淀，严重影响防冻液的正常功能。有机型防冻液可以适当兑水。

4）不可以直接向车内补充自来水，应该加入蒸馏水或去离子水。若实在没有条件，加冷开水也比加自来水好。如果防冻液因泄漏损失，应补充同品牌的防冻液。防冻液应四季使用，夏天使用自来水的方法是不科学的，也是得不偿失的。

5）有的防冻液存放一年后，会出现少量絮状沉淀，这种现象多半是添加剂析出造成的，不必扔掉。如果出现大量的颗粒沉淀，表明该防冻液已经变质，不能再使用了。

6）选择防冻液的另一个关键是确保安全性。高级防冻液兼具防腐、防垢、防沸、防冻、防锈等功效，还能对水箱起到很好的保护作用，一年四季都可使用。优质防冻液外观应清亮透明，并有醒目的颜色，无异味，而一些劣质防冻液根本不具备抗冻及防止开锅功能，有的防冻液虽然冰点及沸点合格，但却有腐蚀性，能把水箱及管路“咬”出千疮百孔，影响行车。

二、制动液

汽车制动液又称刹车油，是用于汽车液压制动系统中传递压力的液体，如图 2—3—3 所示。

图 2—3—3　制动液

1. 制动液的分类

汽车制动液一般分为如下三类：醇型、矿油型、合成型。

(1) 醇型制动液

醇型制动液的基本组成是蓖麻油 45%～55%和低碳醇（乙醇或

丁醇）55%～45%（百分数指质量分数）进行调配，产品润滑性好，原料易得，低温黏度大，工艺简单，但低温性能差，平衡回流沸点低，易产生气阻，与水互溶性差，使用过程中易氧化变质，不能保证安全行车。

（2）矿油型制动液

矿油型制动液是以精制的柴油馏分经深度脱蜡后的组分作为基础油，加入增黏剂、抗氧化剂、防锈剂、染色剂等调和而成。这类制动液的温度适应范围宽、低温性能好，对金属无腐蚀作用。但不能与水及合成制动液混溶，混入少量水后在高温下水汽化而产生气阻，影响制动效果，对天然橡胶有溶胀作用，必须使用耐油橡胶密封件。

（3）合成型制动液

合成型制动液是目前使用最多的制动液，可分为三类：醇醚型、酯型和硅型。

1）醇醚型制动液。由润滑剂、稀释剂和添加剂组成。常用的润滑剂有乙二醇、聚丙二醇、环氧乙烷加成物、环氧丙烷的聚合物等。常用的稀释剂有二甘醇醚、三甘醇醚、四甘醇醚等。常用的添加剂有抗氧化剂、抗腐蚀剂、防锈剂、抗磨剂、pH 值调整剂等。产品性能较为稳定，成本较低，用量最大。其缺点是平衡回流沸点不高，湿性强，低温性能差，而且在湿热气候条件下使用时，制动器部件易锈蚀。

2）酯型制动液。其基础液为羧酸酯与硼酸酯，加入量为总量的 20%～50%（质量分数），常用的稀释剂为聚乙二醇的单烷基醚等，常用的添加剂有抗氧化剂、抗腐蚀剂、pH 值调整剂等。性能比前者有很大改善。

3）硅型制动液。一般为烷撑聚醚硅酸酯，如聚烷撑乙二醇硅酸酯等，并加有橡胶抗溶胀剂和其他添加剂。这类制动液性能较好，但价格昂贵。

现在用的一般都是合成型的制动液，具体型号在车辆的使用手册上面，在车的制动液加注口上面或旁边也会有明显的标注。一定要按标注的型号购买和使用，不得随意提高或降低标准，因为涉及和活塞皮碗的性能匹配问题。制动液的型号就是以 DOT3、DOT4、DOT5.1 等分类的。

2. 制动液的要求

（1）应有较高的沸点

现代汽车在行驶中的制动比较频繁，制动鼓（盘）的温度不断升高，如使用沸点较低的制动液，常会在管路中产生气阻而导致制动失灵，因此，制动液的蒸发性要低，不易在高温下汽化。

（2）适宜的高温黏度和良好的低温流动性

制动液在各种条件下都能及时传递压力，并同时使传动机构中的运动件得到一定的润滑。

（3）具有抗氧化、抗腐蚀和防锈的性能

制动液长期与金属相接触应不会因氧化而产生胶状物和腐蚀性物质，或因锈蚀而变色，甚至形成坑点。

(4) 吸湿性低、溶水性好、沸点下降少

即使有水分进入制动液，要求能形成微粒而和制动液均匀混合，不产生分离和沉淀现象。

(5) 对橡胶的适应性好

制动液对橡胶件不应有溶胀作用，否则会使其失去应有的密封作用，因此制动液对橡胶件要有良好的适应性。

(6) 良好的化学安定性

制动液长期在高温作用下使用，因此，要求制动液不产生热分解和重合，而使油品增黏，也不允许生成油泥沉积物。同时要求互溶性好，当与另一种制动液混合时，不能产生分层或沉淀，影响使用。

3. 制动液的选用

汽车制动液的选择应坚持两条原则：一是必须选用同一种类的制动液，尽量选择合成制动液；二是品质等级以 FMSSNo. 116DOT 标准为准。因为 ABS 结构复杂，管路较长，所以应选用 DOT3 或 DOT4 的醇基型制动液，注意不要使用 DOT5. 1 硅酮型制动液。

4. ABS 制动液的更换周期

制动液的更换以汽车的行驶里程或时间确定，一般行驶里程超过 3×10^4 km 或时间超过两年需更换。因为制动液具有较强的吸湿性，实验证明，当制动液的吸湿率达到 3%时，制动液的理化性能降低，即会恶化和变质，将使制动总泵、分泵、压力调节器、密封件等受到不同程度损伤，也易产生气阻，所以当制动液吸湿率达到 3%时，必须更换制动液。

5. 制动液的检查、更换与排气

制动液的检查主要包括制动液液面高度检查和含水率检查两个方面。

(1) 制动液液面高度检查

1) 目视检查制动液液面在 MAX 和 MIN 标记之间，如图 2—3—4 所示。

2) 如果液面低于 MIN 标记，应先确认制动系统是否有泄漏或制动蹄片是否磨损严重。然后添加至接近 MAX 标记处。

3) 清洁擦拭干净。

(2) 制动液含水率检查

1) 制动液由于具有较强的吸湿能力，而吸收了水分的制动液由于其沸点的下降，容易在制动管路里造成气阻现象，使制动失灵，所以一般都建议每年对制动液进行含水率检查，每两年更换制动液。对含水率进行检查，可以使用制动液含水率检测仪来实现，如图 2—3—5 所示。

2) 将含水率检测仪底部触点直接与制动液相接触，如果制动液的含水率超标，则红灯亮，合格则绿灯亮。如果绿灯亮可以继续使用，黄灯亮建议更换，红灯亮则必须更换。

图 2—3—4 制动液液面高度检查

图 2—3—5 含水率检测仪

(3) 制动液的更换

1) 最大限度将制动液排空。排空步骤如下：不需要发动车辆，从距离制动总泵较远的制动分泵排起；用最大压力踩多次制动踏板，使制动管路系统产生压力，并保持制动踏板不动；打开右后轮放气螺钉，直至踏板踩到底，把原先存在制动分泵内的旧制动液排空为止，再关闭右后轮放气螺钉；对四个车轮重复以上步骤直至系统内的旧制动液全部排出。

2) 拆卸储液罐的液位传感器插头，倒空储液罐并清洗，然后重新安装。

3) 加注新制动液至最高位置。

(4) 排气

为了将制动系统中的气体排除，避免影响制动效果，必须要进行制动系统排气工作。对于没有 ABS 的车辆，只需要进行一级排气就可以，而对于有 ABS 的车辆，必须进行二级排气以排除包括 ABS 阀体、控制系统中的气体。

1) 一级排气。按顺序依次对四个车轮的制动系统管路进行排气，车型不同，排气顺序各不相同，以厂家的规定为准。以雪铁龙爱丽舍车（BOSCH ABS 8.1）为例，需要两名维修工配合完成，一人在车上规律地踩制动踏板，另一人首先将左后轮的排气螺钉拧开，用塑料管将排出的制动液接入容器内（排出的制动液不能重复使用），直到排出的制动液不再含有气泡，将排气螺钉锁紧，该侧排气结束。然后按照左后—左前—右前—右后的顺序将此步骤重复一轮，一级排气结束。

2) 二级排气。对于有 ABS 的车辆，需要进行二级排气。二级排气需要将诊断仪连接到车上，启动发动机，通过诊断仪驱动 ABS 液压控制系统工作，排出系统中的气体，所以整个过程按照诊断仪的提示一步一步进行就可以了，这里不再详细描述。在整个排气的过程中，为了避免气体进入系统中，一定要注意制动液面的变化，及时添加新的制动液保持制动液面在 MAX 位置。

另外，如果在平时保养或者维修的过程中发现制动液面过低，在添加制动液的过程中，也应该边排气边添加。

6. 选用制动液应注意的事项

(1) 选用制动液时，首先看说明书或标签上的说明，是什么类型，有无质量标准和质量指标。若没有标注这些内容则不能使用，而只标有类型的应慎用。

(2) 醇型制动液的工作温度范围相对较窄，对温度变化适应性差，换油周期短，高速、大功率、重负荷和制动频繁的汽车不能用，其他汽车选用时应注意地区和季节。有的合成型制动液温度范围为－60～60℃，低温下黏度比较小，非常适合于严寒地区冬季使用。

(3) 如果汽车制动系统的橡胶零件是耐油的，应优先选用矿物油型，它不受地区、季节和车型的限制，润滑性好，无腐蚀作用，换油周期长；但制动系统橡胶零件若是不耐油的，则不能使用。

(4) 合成型制动液型号很多，颜色各异，选用时必须注意其质量指标中的温度范围，常温和低温下的黏度、透明度，有无沉淀和异味。

(5) 不同类型的制动液由于成分不同，混合后可能发生反应，分层或沉淀，堵塞制动系统，以致失去作用，通常不允许混用。

(6) 制动液都是由有机溶剂制成的，它易挥发、易燃，灌装和保存时应远离火源，防止日晒雨淋，用后把瓶盖拧紧，防止吸水变质。

(7) 我国实施与国际通用标准接轨的国家强制产品标准 GB 12981－2012《机动车辆制动液》。按照新国标，将制动液分为 HZY3、HZY4、HZY5、HZY6，分别对应 ISO 4925：2005 中 Class3、Class4、Class5、Class6，其中 HZY3、HZY4、HZY5 对应于美国交通运输部制动液类型的 DOT3、DOT4、DOT5。制动液级别越高，安全保障性越好。一般情况下，微型、中低档汽车适宜选取符合 HZY3 标准的制动液，而中高档车建议选择 HZY4 标准的制动液。当然，微型、中低档汽车选择 HZY4 也没有任何问题，而且更好。HZY5 标准的制动液主要用于军工方面，一般在民用方面采用的较少，适用于沙漠等苛刻条件。西方国家对 DOT 标准制定很苛刻，并非简单调配就能达到的。制动液 2 年或 4×10^4 km 需要进行更换，制动液具有吸水特性，长时间不更换会腐蚀制动系统，给行车带来隐患。不同种类制动液混在一起时，会造成制动液沸点降低，与劣质制动液混合尤其明显。在低温时刹车明显失效，制动液凝固了，并且腐蚀制动液泵及橡胶件，使制动皮碗老化变质、回油阀密封不严、制动总泵活塞与缸壁磨损，造成间隙过大。而制动液中混入过量水分，也会对制动液的质量产生影响。同样，水也能直接降低制动液的沸点。当水进入制动液后，制动液的抗气阻能力大大下降，直接影响制动液的低温流动性。例如，在东北地区冬季，正常指标－40℃的制动液，在－30～－20℃时已凝固不流动了，就会造成刹车失灵。

三、玻璃水

玻璃水就是汽车风窗玻璃清洗液的俗称，属于汽车使用中的易耗品。玻璃水一般由水或水与适量的添加剂组成，添加剂有助于清洁或降低冰点。如在水中加入 5%的氯化钠可提高洗涤液的清洁能力，若是在寒冷地区，必须使用防冻的玻璃水，以防止冻坏水壶。

一般情况下是不可以使用自来水来代替玻璃水的，这是由于自来水不具备润滑功能，清洗时刮水器与玻璃之间会产生较大的摩擦，这不单单会加快刮水器的磨损，还很有可能会刮花玻璃。优质的汽车风窗玻璃水主要由水、酒精、乙二醇、缓蚀剂及多种表面活性剂组成。汽车风窗玻璃水如图 2—3—6 所示。

图 2—3—6　玻璃水

1. 分类

按性状分类，可分为固体玻璃水和液体玻璃水。其中固体玻璃水大多为 0℃以上环境使用。

一种为夏季常用的，在清洗液里增加了除虫胶成分，可以快速清除撞在风窗玻璃上的飞虫残留物；一种是专为冬季使用的防冻型玻璃清洗液，保证在外界气温低于－20℃时，依旧不会结冰冻坏汽车设施；一种是特效防冻型，保证在－40℃时依旧不结冰，适合我国最北部的严寒地区使用。

2. 功能

(1) 清洗性能：玻璃水是由多种表面活性剂及添加剂调配而成。表面活性剂通常具有润湿、渗透、增溶等功能，从而起到清洗去污的作用。

(2) 防冻性能：有酒精、乙二醇的存在，能显著降低液体的冰点，从而起到防冻的作用，能很快溶解冰霜。

(3) 防雾性能：玻璃表面会形成一层单分子保护膜。这层保护膜能防止形成雾滴，保证风窗玻璃清澈透明，视野清晰。

(4) 抗静电性能：用玻璃水清洗后，吸附在玻璃表面的物质，能消除玻璃表面的电荷，具有抗静电性能。

(5) 润滑性能：玻璃水中含有乙二醇，黏度较大，可以起润滑作用，减小刮水器与玻璃之间的摩擦，防止产生划痕。

(6) 防腐蚀性能：玻璃水中含有多种缓蚀剂，对各种金属没有任何腐蚀作用，汽车面漆、橡胶绝对安全。

3. 选用

与其他的养护项目相比，汽车风窗玻璃清洗的确是一个小工作。但是它却和驾驶视线息息相关，所以在选择玻璃水的时候以下几点不能忽视。

首先，秋冬季节玻璃水应该具备良好的清洗和防冻性能。冬季玻璃水以防冻性能作为选择的基准，应该选择冰点低于当地最低温度 10℃以上的玻璃水，不然会造成玻璃水冻住、喷水壶水泵故障等问题。可根据当地的温度进行选择，正规品牌的产品会以温度划分几个不同的级别，根据季节变化进行选择。

其次，玻璃水还应该具备对风窗玻璃和刮水器的保护性能。也就是说，在正常使用过程中对车辆进行保护与护理。一些品牌的玻璃水通过调配多种表面活性剂及添加剂，独具修复风窗玻璃表面细微划痕的作用，通过形成独特的保护膜，以达到对风窗玻璃的全面呵护。特别添加的多种缓蚀剂，对各种金属都没有腐蚀作用，保护了汽车面漆、刮水器及橡胶的安全。

另外，针对北方车主而言，由于北方气候的独特性，在驾驶过程中驾驶者的视线很容易受到光的折射和雾气、静电的影响，给驾驶带来安全隐患。所以，车主在购买玻璃水时，要求尽可能选择具备快速融雪融冰和防眩光、防雾气、防静电功效的产品。

四、转向助力液

转向助力液是汽车助力转向泵里面用的一种特殊液体，通过液压作用，可以使转向盘变得非常轻巧。转向助力液就是一种加注在汽车转向器里面的特种油液，与自动变速器油液、制动油液以及减震油液类似，如图 2—3—7 所示。

图 2—3—7 转向助力液

1. 分类

汽车上配置的转向助力系统大致可以分为三类：第一类是机械式液压动力转向系统；第二类是电子液压转向助力系统；第三类是电动转向助力系统。

一般汽车厂家并不严格规定转向助力液的更换周期。大多数汽车保养维修店会参考其他同行业的服务企业，互相借鉴，取长补短。也有比较规范的企业会参考国外汽车公司的汽车保养要求，并结合目前我国的道路状况、空气质量和使用人员的技术水平等因素作出比较合理的规定。建议，为防止转向助力液过脏或变质，2 年或 3×10^4 km 更换一次转向助力液。

2. 作用

转向助力是汽车上的一种增加舒适性的新技术，可以在驾驶员进行转向的时候自动提供转向力，从而减轻驾驶员的转向劳动强度，而转向助力液就是加注在转向助力系统里面的一种介质油，起到传递转向力和缓冲的作用，转向助力系统如图 2—3—8 所示。

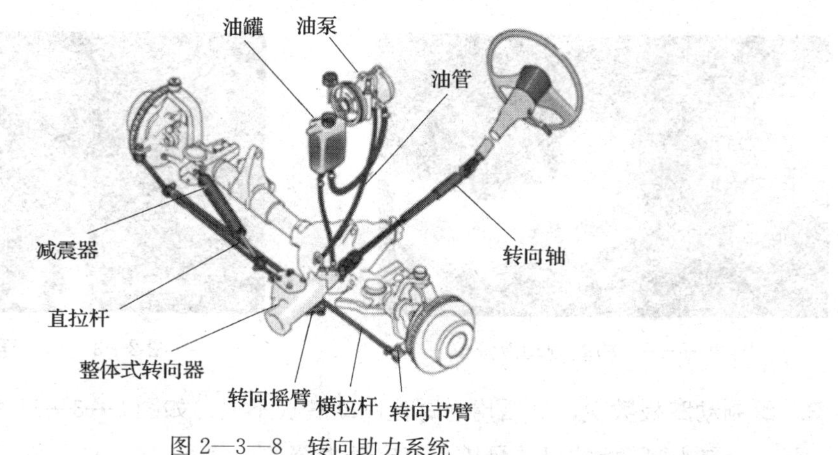

图 2—3—8 转向助力系统

任务实施

一、总结防冻液、制动液、转向助力液的作用及更换周期

工作液名称	作　　用	更换周期
防冻液		
制动液		
转向助力液		

二、制动液排空气

1. 关闭发动机，检查储液罐液面高度，如图 2—3—9 所示。

提示：液面高度应在最高刻线和最低刻线之间，液面过低，应加注制动液。

2. 在右后轮制动分泵的排气螺钉上接一根透明的塑料软管，另一端放入盛有制动液的容器内，如图 2—3—10 所示。

提示：一级管路的排气顺序是右后、右前、左后、左前。

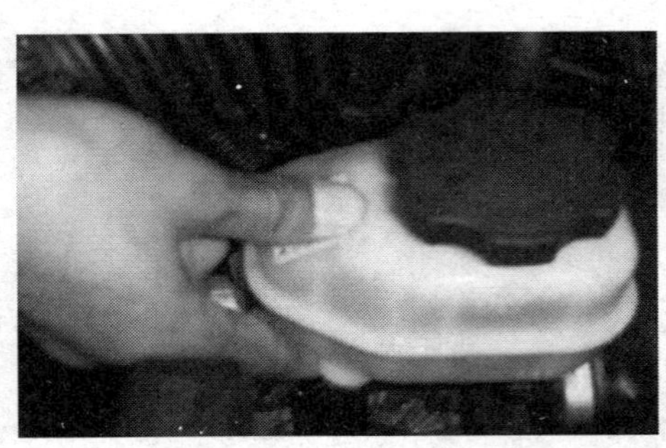

图 2—3—9　检查制动液液位

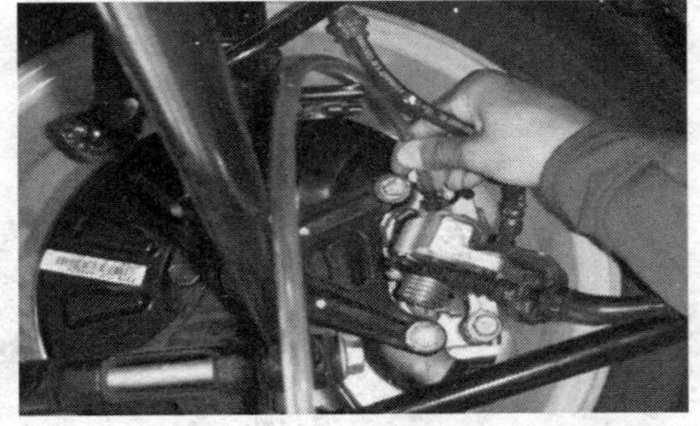

图 2—3—10　连接排气口

3. 踩制动踏板数次，然后用力踩住制动踏板不放，如图 2—3—11 所示。

提示：踩制动踏板的目的是排尽真空助力器的空气。

4. 拧松右后轮排气螺钉，使空气从系统中排放出来，然后拧紧排气螺钉，如图 2—3—12 所示。

提示：应在分泵中的油压消失之前拧紧螺钉。

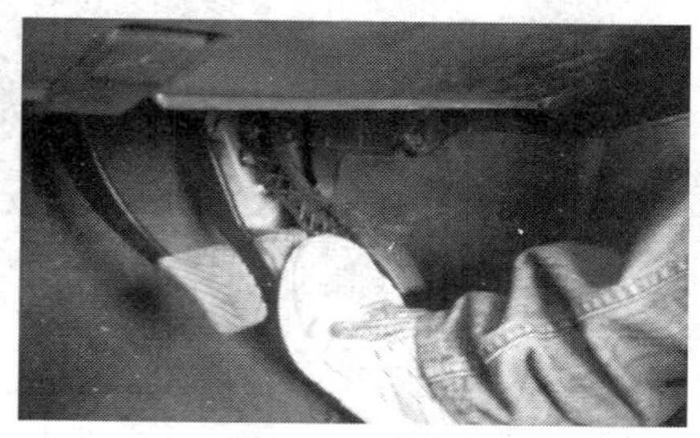

图 2—3—11　踩制动踏板排空气

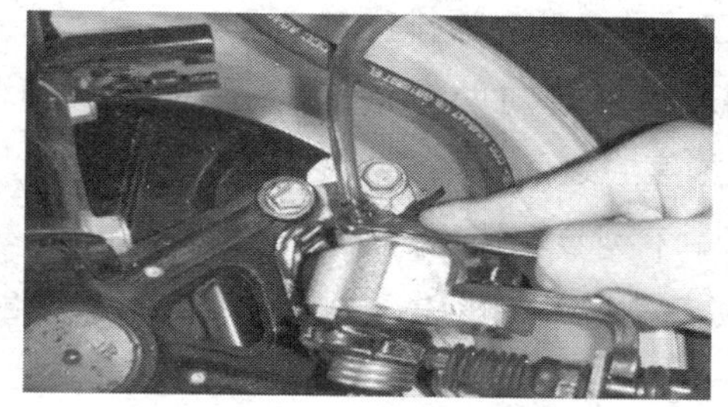

图 2—3—12　释放排气口排空气

5. 慢慢将制动踏板完全松开，如图 2—3—13 所示。

提示：防止制动液回流不及时，形成真空。

6. 重复 3～5 操作步骤数次，直至从管中流出的制动液里没有气泡为止，如图 2—3—14 所示。

提示：操作过程中，检查制动液液面。

图 2—3—13　松开制动踏板

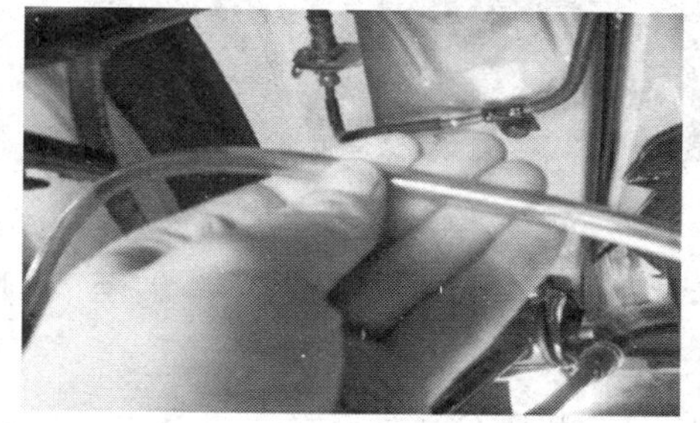

图 2—3—14　排气管道

7. 按右后、右前、左后、左前的排气顺序对其他的制动分泵进行排气，如图 2—3—15 所示。

提示：赛拉图制动系统管路为交叉布置。

8. 向储液罐中加注制动液至最高刻线处，如图 2—3—16 所示。

提示：不要将制动液漏出，防止腐蚀零件或车身。

图 2—3—15　释放排气口排空气

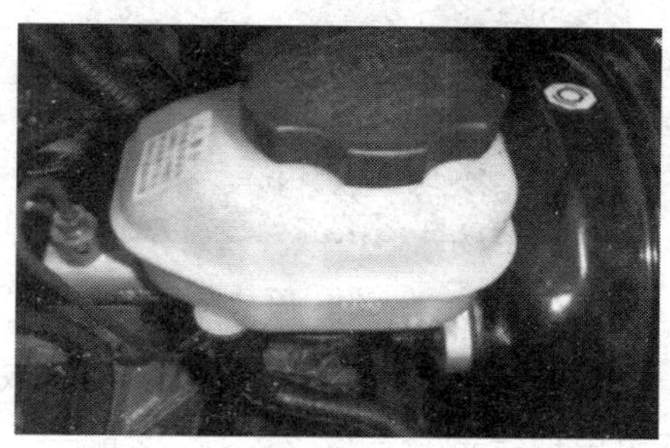

图 2—3—16　保证储液罐中制动液足够

9. 踏下制动踏板，检查制动管路各个部位，不应有制动液泄漏现象，如图 2—3—17 所示。

提示：特别要检查各个管路的接头处。

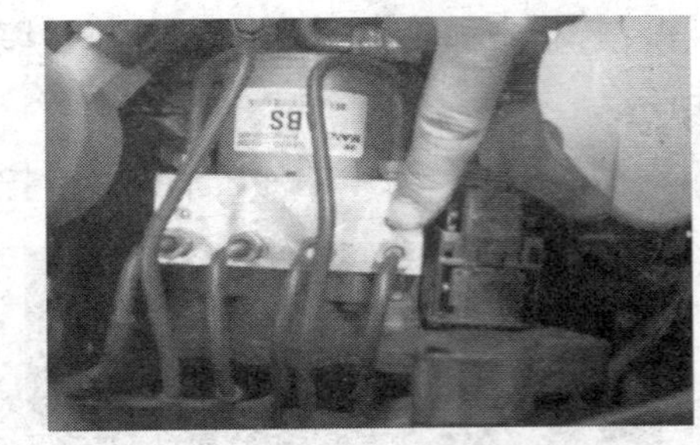

图 2—3—17 制动管路连接接口

三、转向助力液排空气

1. 检查转向助力液液位是否位于 MAX 与 MIN 刻度线之间，如果不在则添加转向助力液至 MAX。下列步骤操作过程中必须保证转向助力液液位处于 MAX 与 MIN 刻度线之间，如图 2—3—18 所示。

2. 举升汽车（车轮离地即可），也可使用千斤顶将汽车前轮单独顶起，如图 2—3—19 所示。

图 2—3—18 检查转向助力液液位

图 2—3—19 举升汽车，使汽车轮胎腾空

3. 快速将点火钥匙从“ON”转至“START”1 次或 2 次来启动发动机，但不要运转车辆，如图 2—3—20 所示。

4. 从右极限位置转动转向盘至左极限位置 5～6 次，在 15～20 s 内完成，如图 2—3—21 所示。

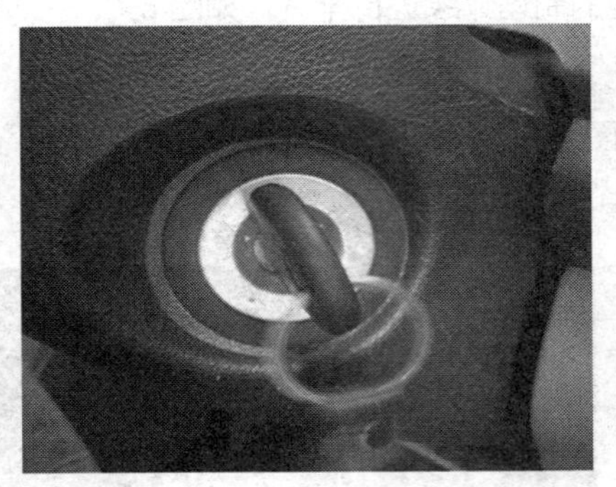

图 2—3—20 启动发动机

图 2—3—21 转动转向盘

5. 启动发动机，转向盘反复从右极限位置转动至左极限位置，直到发动机怠速时储液罐中不再出现气泡，如图 2—3—22 所示。

注意：如果不执行第 4 步与第 5 步就启动发动机，在动力转向泵工作时会产生异常噪声。

6. 检查储液罐中转向助力液的颜色和油位，并按照要求进行添加，如图 2—3—23 所示。

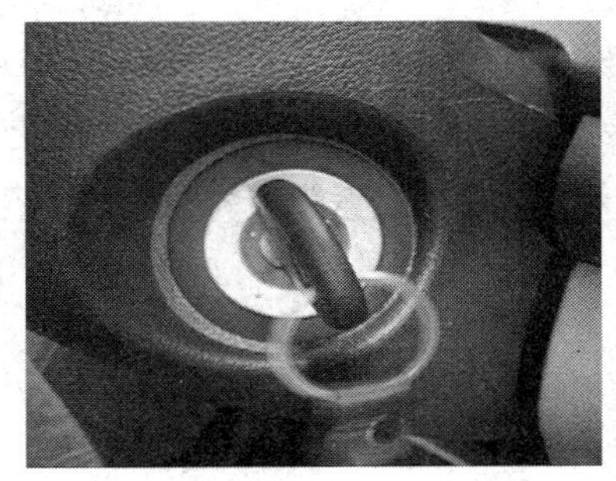
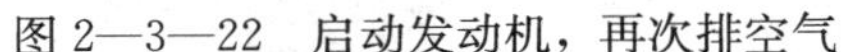

图 2—3—22 启动发动机，再次排空气

图 2—3—23 检查转向助力液储液罐的情况

注意：如果转动转向盘时液体上下振动，关闭发动机时液体将从储液罐中溢出或者液体颜色呈现白色，说明没有完全清除动力转向系统中的气泡。应按要求重复 5～6 次。

知识链接

自制玻璃水的危害

有的车主认为清洗前风窗玻璃其实很简单，选择自制玻璃水，将酒精、洗洁精、洗涤剂或洗衣粉等加一点水来替代专用玻璃水，也有的车主直接用清水替代玻璃水。但是这些做法存在着一定的隐患。

用水兑洗衣粉，洗衣粉中会有一些沉淀物，时间长了不仅会与橡胶管发生化学反应导致橡胶管的老化变质，严重的还会堵塞喷水口。一般洗涤剂都呈碱性，对橡胶会有一定的腐蚀性，会加速催化刮水器胶条的硬化，硬化的胶条刮擦风窗玻璃时，会加速风窗玻璃表面被刮毛、刮花。

用水代替玻璃水，普通的自来水同样含有碱性的物质，时间长了，会在储水罐和橡胶管内形成水碱，影响正常的喷水。喷在风窗玻璃上以后，经过风吹日晒也会形成水碱，长期使用可能会使玻璃表面与刮水器片之间摩擦力加大，导致玻璃出现不可修复的划痕。

任务 4 汽车轮胎的检查与使用

学习目标

1. 能描述汽车轮胎的结构。
2. 能描述汽车轮胎的标记含义。
3. 能正确选用汽车轮胎。
4. 能正确使用和保养汽车轮胎。

任务描述

通过教科书、维修资料及网络等途径收集资料，获取汽车轮胎的技术参数和基本性能指标等信息。通过轮胎的目视检查、拆装换位、磨损检查来进一步了解轮胎的基本参数和使用性能。可以分为若干个小组进行，每组对信息进行搜集、整理和实施，最后派代表向全班做介绍。

知识准备

一、轮胎的结构

汽车轮胎分两类，即斜交线轮胎与子午线轮胎。斜交线轮胎（见图 2—4—1a）采用多层斜交层覆胶帘布形成胎体层作为轮胎的骨架。子午线轮胎（见图 2—4—1b）胎体帘线沿轮胎断面方向排列，为保持轮胎的形状，再包覆多层帘布组成的带束层起箍紧作用。子午线轮胎在轿车中运用得较为广泛。轮胎部件组成及功能见表 2—4—1。

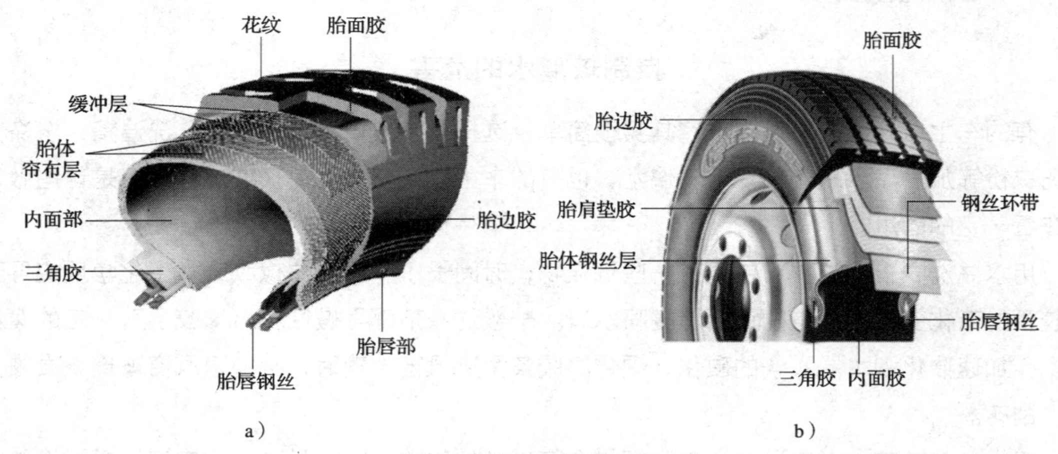

图 2—4—1 轮胎截面图

a）斜交线轮胎 b）子午线轮胎

表 2—4—1 **轮胎部件的功能**

序号	部件名称	部位说明	功能	要求
1	胎面	轮胎接地面的橡胶层	具有应对剪切冲击、保护胎体及带束层的作用	耐磨耗、低生热、低滚动阻力、耐切割、耐冲击
2	胎面基部胶	胎冠和带束层之间的橡胶层	提高散发性和黏着性	生热少、黏着性好
3	胎边胶	轮胎边部最外层	承受屈挠变形；防止来自外部的伤割深及胎体；辅助传递驱动力矩	耐屈挠疲劳、耐裂口、耐臭氧

续表

序号	部件名称	部位说明	功能	要求
4	带束层及缓冲层	胎冠与胎体间的覆胶帘布层	带束层有保持轮胎形状、增加胎体强度的重要作用；缓冲层分散受到的冲击，保护各层间的黏合	
5	胎体	轮胎骨架作用的覆胶帘层	提供强度的部件，具有支承静负荷、承受行驶中的动态负荷的功能	具有良好的强度和优越的黏着性
6	胎圈	用硬质橡胶固定钢丝帘线束而成的环形部件	使轮胎固定在轮辋上；承受胎体帘线因内压产生的张力作用	
7	气密层	胎体内侧的橡胶层	防止胎体帘线对内胎的磨损；防止轮胎内的压力空气的泄漏	气密性好
8	胎圈填充胶条	填充胎体帘布包覆钢丝圈时的空隙	保护胎圈形状、提高胎圈整体刚度	
9	带束层隔离胶	填充带束层端部与胎体之间断面为三角形的空隙		

二、轮胎的规格标记

1. 轮胎胎侧标识

轮胎标识是指按国家标准规定，在外胎的两侧要标出生产编号、制造厂商标、尺寸规格、层级、最大负荷和相应气压、胎体帘布汉语拼音代号、安装要求和行驶方向记号等，如图 2—4—2 所示。

2. 轮胎型号的表示方法

(1) 充气轮胎尺寸目前一般用英制单位，但欧洲国家则常用公制。高压胎一般用 $D\times B$ 来表示，其中 D 表示轮胎直径的英寸数，B 表示轮胎断面宽度的英寸数。例如，34×7 即表示轮胎外径 D 为 34 in，断面宽度 B 为 7 in。

(2) 汽车上常用的是低压胎，其尺寸标记用 B—d 表示，例如 9.00—20，即表示断面宽度 B 为 9 in，而轮辋直径 d 为 20 in。

(3) 欧洲国家的低压胎用 $B\times d$ 表示，尺寸单位用毫米，例如，185×400 轮胎，表示其断面宽度 B 为 185 mm，轮辋直径 d 为 400 mm。这种规格的轮胎相当于 7.50—16 轮胎。

(4) 在 ISO 国际标准中，轿车轮胎编号表示为（断面宽度）/（扁平率）（轮胎结构标记号）（适用轮胎直径）（载荷指数）（速度记号）。比如编号 195/60R1485H 的轮胎，意义如下：

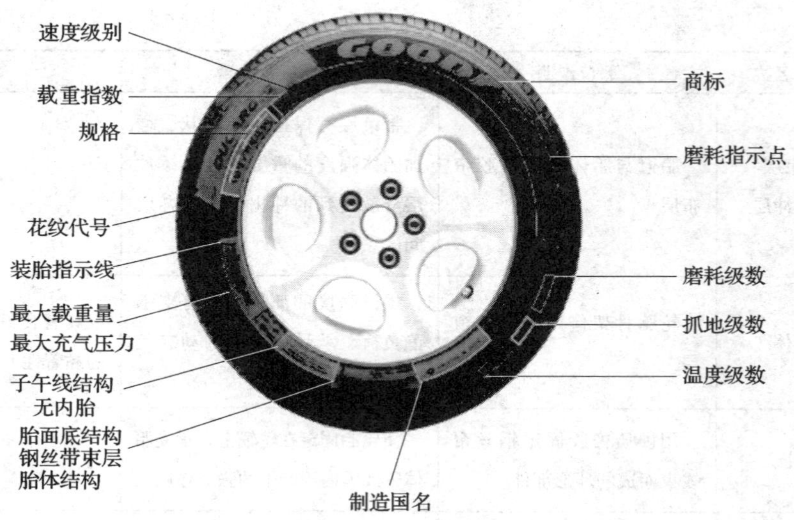

图 2—4—2 轮胎胎面标记

1）195 表示轮胎断面宽度为 195 mm。

2）60 表示为扁平率的百分数，即轮胎断面的高度比宽度为 60%。

3）R 表示子午线轮胎（另外还有 D、B 分别表示普通斜交轮胎和带束斜交轮胎）。

4）14 表示适用轮辋直径为 14 in。

5）85 是载荷指数。

6）H 是速度记号，字母由 B 至 U（除 D、H、I、O 外）顺序排列时，最大时速由 50 km/h 到 200 km/h 递增，每级相差 10 km/h，特殊地，D 表示最大时速 65 km/h，而 H 表示最大时速 210 km/h。轮胎速度记号详见表 2—4—2。

表 2—4—2 轮胎速度记号

等级	B	C	D	E	F	G	H	J	K
最大速度	50	60	65	70	80	90	210	100	110
等级	L	M	N	P	Q	R	S	T	U
最大速度	120	130	140	150	160	170	180	190	200

三、如何正确选用轮胎

1. 选择轮胎时，应尽量选用车厂所推荐的轮胎厂生产的同尺寸、同花纹的轮胎。如果找不到相同厂家生产的轮胎，则一定要选用相同尺寸的轮胎。

2. 在选择轮胎的时候，还要了解轮胎花纹的作用。常用轮胎的花纹有普通花纹、越野花纹、混合花纹、拱形花纹和特种花纹等。

（1）普通花纹的特点是花纹细而浅，花纹块接地面积大，因而耐磨性和附着性较好，适用于较好的硬路面。普通花纹一般分为纵向花纹和横向花纹两种，其中纵向花纹，轿车、货车均可选用；横向花纹仅用于货车。

(2) 越野花纹的特点是凹部深而粗，在软路面上与地面附着性好，越野能力强，适用于矿山、建筑工地以及其他一些松软路面上使用的越野汽车轮胎。越野花纹轮胎不宜在较好硬路面或高速公路上使用，否则行驶阻力加大且加速花纹的磨损。

(3) 混合花纹的特点介于普通花纹与越野花纹之间，兼顾了两者的使用要求，中部为菱形、纵向锯齿形或烟斗形花纹，两边为横向越野花纹，适用于城市、乡村之间的路面上行驶的汽车轮胎。现代货车驱动轮胎多采用这种花纹。

(4) 拱形花纹和特种花纹，有更宽的断面、更低的接地比压，附着性好。

3. 选胎时除了注意尺寸和花纹外，应尽量选用子午线轮胎。虽然此种轮胎价格较贵，但有很多优点，如耐磨、省油、附着力好，适于高速行驶。另外，还应尽量选用无内胎轮胎，由于没有内胎，所以也就没有内胎和外胎之间的摩擦，减少了热量的产生，可以采用更高的车速行驶，漏气时维修方便。

4. 装配使用轮胎应与行驶速度相适应，行驶在高速公路上的汽车应装配适合高速行驶的轮胎。

四、轮胎的使用说明

1. 轮胎的储存

(1) 轮胎不宜露天存放，避免阳光照射。储存环境温度为－10～30℃，湿度为50%～80%，库房内避免阳光直接照射，库房内不应使用可产生臭氧的设备装置。

(2) 轮胎不宜与油类、酸类、易燃物及化学腐蚀物品储存在同一库房或与这些物品接触。

(3) 轮胎储存应立放，应离地10 cm竖直放在成排托架上，不允许挤压轮胎。

(4) 短期（30天内）存放，轮胎也可平放在地面上，叠放高度以不影响轮胎使用性能为宜。

2. 轮胎的装配和拆装

(1) 轮胎的装配必须使用同一规格的外胎、内胎、垫带。

(2) 轮胎必须装配在标准轮辋和允许轮辋上。轮辋应完好，不得有边缘弯曲、豁口、裂缝、毛刺、生锈等缺陷。

(3) 轮胎装配时要注意清洁，避免将杂物带入胎内。

(4) 同一轴上应装配同一规格、层级、花纹的轮胎；子午线结构的轮胎不得和斜交胎同轴共用。

(5) 有方向性花纹的轮胎，必须按行驶方向装配。

(6) 拆装轮胎不能使用锐利的器具；拆装无内胎轮胎时，不得硬撬胎圈，不得使用大锤撞击轮胎。

(7) 对于货车，新胎更换旧胎时，新胎应安装在前轮或后轮外侧。

3. 轮胎的使用

(1) 出车前应对轮胎的状况进行检查。

(2) 轮胎使用气压应符合该层级轮胎规定的标准，充气公差为：轿车、摩托车轮胎±10 kPa，载重轮胎±20 kPa，工程胎±30 kPa。

(3) 各种规格的轮胎不得超负荷使用，车上装载的货物，应当分布均匀。

(4) 轮胎在行驶中不得急速起步、急剧转弯，尽量避免紧急刹车，夏季长时间高速行驶应增加停车次数，停车位置应在阴凉处，自然降低轮胎的温度，严禁放气减压。

(5) 车轮在恶劣的路面上行驶时速度应控制为 10～15 km/h，及时清理花纹内、两胎间嵌入的石块、杂物。

(6) 装有防滑链的轮胎应对称装用，不用时，要立即卸掉。

(7) 胎面磨耗至安全标志线时，轮胎应停止使用。

(8) 载重轮胎每行驶 12 000～15 000 km 应进行一次换位，十胎位以上的换位方法见 GB/T 9768—2008《轮胎使用与保养规程》，工程胎花纹磨去 1/3 时前、后轮换位，农业轮胎使用一定时间（一季度）应左、右轮换位。

(9) 发现前轮胎磨损异常时，要立即调整前束和外倾角。

(10) 车辆停用超过半年，应把车架顶起。

(11) 裂纹及花纹检查：定时检查轮胎表面有无裂纹、变形等缺陷，如有，则应及时更换轮胎；检查轮胎的花纹深度，如花纹磨损达到磨损极限（轿车和挂车的花纹深度不得小于 1.6 mm；其他车辆转向轮的花纹深度不得小于 3.2 mm，其余轮胎花纹深度不得小于 1.6 mm），则必须更换。

(12) 期限检查：当轮胎使用超过 6 年时，不管轮胎是否完好，也需更换。进行二级维护或行驶距离达到 10 000 km 时，应按规定进行轮胎交叉换位，以使所有轮胎磨损均匀，尽可能延长轮胎使用寿命。

(13) 发热时的处理：轮胎在夏季行驶或高速行驶时容易过热，同时气压增高，此时应停车散热，严禁放气降压或泼水降温。

(14) 检查轮胎胎面：经常检查轮胎胎面有无扎坏，两轮间有无石块卡住。剔除嵌入轮胎的石子，发现胎面上有小洞，就用生胶填补，防止泥沙侵入帘线层，造成脱空。

五、轮胎的寿命

1. 轮胎的橡胶保质期一般是 3～5 年。即使是从来没有用过的轮胎，过了这个期限橡胶和帘线就会老化，钢丝锈蚀，轮胎表面会出现一些细小的裂纹，导致轮胎的强度减弱。

在轮胎的胎侧靠近轮辋，也就是通常说的“祉口”处，是轮胎的生产日期，有一组 4 位数的编码。如：0108 代表是 2008 年第 01 周，也就是 2008 年 1 月初生产的。

2. 轮胎的行驶里程一般是 5×10^4～8×10^4 km。但有些高端的进口品牌轮胎的行驶里

程可能只有 $4\times10^4\sim5\times10^4$ km。

3. 行驶路面情况。如果一直在平坦的沥青和水泥路面行驶，6×10^4 km 应该没有问题。如果是经常在沙石路面和恶劣路面行驶，就会减少轮胎的使用寿命。

另外，经常跑长途也会加快轮胎的磨损。因为轮胎橡胶发热后就会变软，加剧磨损。

六、轮胎充气注意事项

1. 充气要注意安全。要随时用气压表检查气压，防止充气过多，使轮胎爆破。

2. 停驶后，须等轮胎散热后再充气，因车辆行驶时胎温会上升，对气压有影响。

3. 检查气门嘴。气门嘴和气门芯如果配合不平整，有凸出凹进的现象及其他缺陷，都不便充气和量气压。

4. 充气要注意清洁。充入的空气不能含有水分和油液，以防内胎橡胶变质损坏。

5. 充气时不应超过标准过多后再放气，也不可因长期在外不能充气而过多地充气。如超过标准过多，会使帘线过分伸张，导致其强度降低，影响轮胎的寿命。

6. 充气前应将气门嘴上的灰尘擦净，不要松动气门芯，充气完毕应用肥皂水涂在气门嘴上，检查是否漏气（如果漏气就会产生小气泡），并将气门嘴帽配齐装紧，防止泥沙进入气门嘴内部。

7. 子午线轮胎充气时，由于结构的原因，其下沉量、接地面积均较大，往往误认为充气不足而过多地充气；或反之，因其下沉量和接地面积本来就较大，在气压不足时也误认为已充足。应用标准气压表加以测定。子午线轮胎的使用气压应高于一般轮胎 0.5～1.5 kg/cm^2。

8. 随车的气压表应定期进行校对，以保证气压检查准确。

七、轮胎的保养

1. 子午线轮胎在使用中，一旦被刺伤必须及时拆下修补，避免因水侵入胎体锈蚀钢丝帘线，而导致轮胎脱层损坏。

2. 轮胎结合车辆的一级保养进行一级保养。主要检查轮胎气压、胎面磨耗情况，清除花纹沟内的夹石和杂物。检查轮胎装配有无不当，轮辋、挡圈、锁圈是否正常。

3. 轮胎结合车辆的二级保养进行二级保养。主要检查外胎有无内伤、脱层、起鼓，内胎有无老化、损伤现象，垫带有无开裂等。发现问题做好记录，并及时处理。按 GB/T 521—2012《轮胎外缘尺寸测量方法》测量胎面花纹磨损及外周长、断面宽的变化。做好记录，并进行轮胎换位。

4. 轮胎应定期换位。载重子午线轮胎要定期按规定换位，每行驶 12 000～15 000 km 进行一次换位并进行平衡。

5. 应经常检查轮胎使用情况，若发现有损伤，应立即修补。

6. 内胎的保养

（1）要按轮胎规格大小配用相应内胎。

(2) 如果内胎漏气，会造成外胎早期损坏。

(3) 丁基橡胶内胎耐高温，气密性好，高速轮胎（有内胎的）应配丁基橡胶内胎。

(4) 内胎如需单独存放，应充以适量的空气，不得折叠平放或堆叠。不单独存放时，需放在外胎内，并适量充气。

任务实施

一、汽车轮胎的目视检查

影响轮胎行驶里程的因素有很多，比如路况、驾驶风格等。另外，日常的维护保养，例如车辆四轮定位、气压定期检查等也会对轮胎使用寿命有重大的影响。所以很难给出一个轮胎到底能行驶多少公里的具体数据。温和的驾驶风格、适当的轮胎保养可以延长轮胎的使用寿命。

1. 五种情况需要换胎

(1) 轮胎磨损至磨损极限标志，即胎面花纹深度低于 1.6 mm。

(2) 轮胎老化。

(3) 胎面变形或胎圈损伤的轮胎，缺气行驶造成胎侧被碾压受损的轮胎，被化学品腐蚀的轮胎不得继续使用。

(4) 鼓包轮胎不得继续使用。

(5) 其他受损若影响轮胎使用安全也不得继续使用。

2. 维修保养工单的要求

一级维护（每 10 000 km 保养）中对轮胎的保养较简单，检查轮胎磨损情况，调换轮胎，四轮换位并调整转向盘。

二级维护（每一年或 20 000 km 保养）中对轮胎的保养比较全面，其中加入制动性的要求。

3. 轮胎的检查过程

(1) 拆装车轮，进行轮胎换位，根据轮胎实际情况选择是否进行平衡调整，如图 2—4—3 所示。

(2) 检查轮胎磨损程度，花纹深度小于 1.6 mm 必须更换，如图 2—4—4 所示。

图 2—4—3　安放轮胎

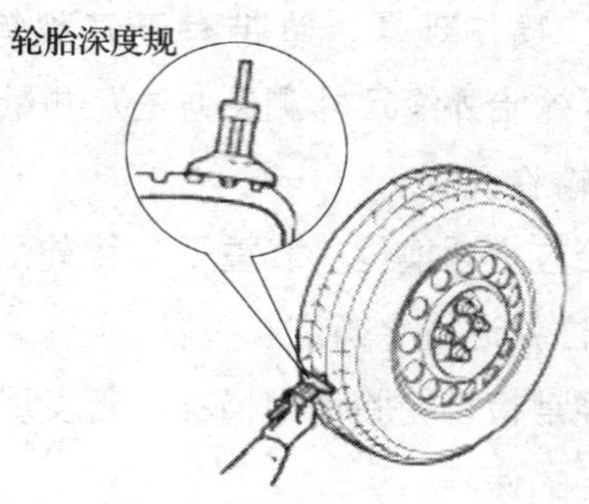

图 2—4—4　检查轮胎花纹深度

(3) 根据轮胎磨损情况，视情况建议做四轮定位，如图 2—4—5 所示。

(4) 校正轮胎气压达到标准气压 (包括备用胎)，如图 2—4—6 所示。

图 2—4—5　检查轮胎胎面

图 2—4—6　检查轮胎气压

(5) 检查制动系统，并视需要更换制动片，如图 2—4—7 所示。

(6) 检查制动盘，视情况更换，如图 2—4—8 所示。

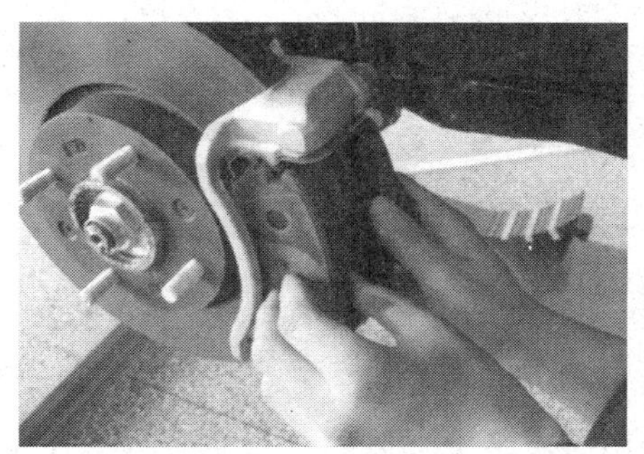

图 2—4—7　拆卸制动片

图 2—4—8　检查制动盘

(7) 检查并校正驻车制动 (手刹)。

(8) 检查制动液，并视需要建议更换，建议每年或 2×10^4 km 更换 (2 年或 4×10^4 km 必须更换)，如图 2—4—9 所示。

(9) 检查制动油路是否漏油。

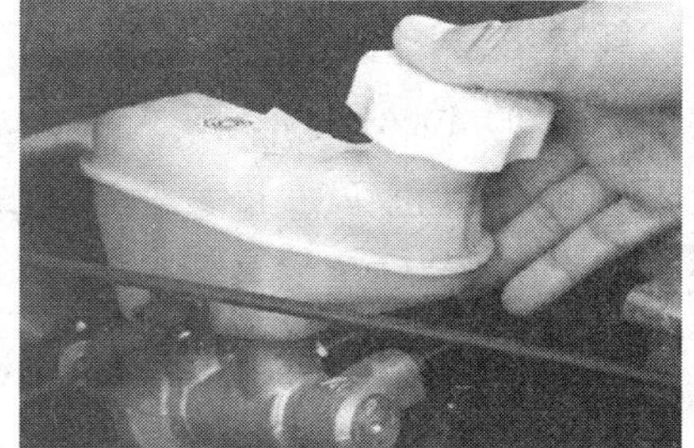

图 2—4—9　检查制动液

二、车轮拆装换位

轿车行驶一般前轮负荷大于后轮，如果驾驶位置在左侧，那么通常情况下，汽车向左转时的车速会大于向右转时的车速，导致汽车右侧轮胎在左转弯时受到的压力大于左侧轮胎，汽车行驶一定里程后，右侧轮胎的右侧边缘磨损最为严重。

车轮换位一般每隔 8 000～10 000 km 进行一次。车轮换位里程应根据轮胎的耐磨指数来确定。耐磨指数大的轮胎，其车轮换位里程可适当延长一些。

轿车用子午线轮胎一般有以下三种花纹：普通对称花纹、非对称花纹以及单导向花纹。下面介绍一下在前置发动机前轮驱动车型上，各种花纹轮胎的车轮换位方式。

普通对称花纹：这种轮胎在车轮换位时遵循“前轮交叉、后轮同向”的互换原则，即：

左前→右后、右前→左后、左后→左前、右后→右前。

非对称花纹：这种轮胎由于胎面花纹内外侧不对称，安装时要注意轮胎内外侧是否安装正确。在轮胎换位时，可以按照普通对称花纹轮胎的换位方式进行轮胎换位。

单导向花纹：这种轮胎只在一个转动方向上提供良好的抓地力及排水能力，因而除了不能内外侧反装外，还需按照特定的车轮换位方式进行轮胎换位，即：左前→左后、右前→右后、左后→左前、右后→右前。为避免轮胎偏磨，轮胎换位可采用交叉换位的方式，即：左前→右后、右前→左后、左后→右前、右后→左前。但由于要保持轮胎花纹的导向性及轮胎的转动方向，轮胎需要重新拆装并做车轮动平衡。

(1) 拉起驻车制动，并用举升机举升至车轮可以拆卸的位置即可。

(2) 用气动扳手对角依次拧松各车轮固定螺母（逆时针松，顺时针紧）。

(3) 观察四个轮胎磨损情况，选择换位方式。

(4) 车轮套在车轴上后，摁住车轮下方，用手把螺母旋上 3 牙以上，才可用“风炮”旋紧。

(5) 举升机放下，车辆落地。最后换扭力扳手再将所有车轮螺栓拧紧，福特车型扭力一般为 85～120 N·m。

三、轮胎磨损检查

了解轮胎磨损的形式、形成原因和解决办法。

1. 外侧边缘磨损（见图 2—4—10）

原因：如果顺行驶方向观察，在轮胎的外侧边缘有较大的磨损，说明轮胎经常处于充气不足的状态，即压力不够。

解决办法：多检查几次轮胎压力。可能的话，按“高速公路”标准充气，即比正常标准再多加 30 kPa。一般人错误地以为，既然轮胎充气不足有利于雪地和沙地行驶，在潮湿地面上也可如此。须知，充气不足的轮胎非常不利于雨天行驶，抓地性会明显减弱。

2. 凸状及波纹状磨损（见图 2—4—11）

图 2—4—10　轮胎外侧边缘磨损

图 2—4—11　凸状及波纹状磨损

原因：假如发现轮胎着地部分的两侧呈凸状磨损，而且轮胎周边也呈波纹状磨损，说明车的减震器、轴承及球形联轴器等部件磨损较为严重。

解决办法：由于更换新轮胎费用较高，所以建议在更换轮胎前，先检查悬挂系统的磨损情况，更换磨损部件。否则，即使更换轮胎也无济于事。

3. 表面均匀磨损

原因：轮胎的均匀磨损是正常现象。其各部都会有相应的表现。一旦花纹已经磨掉，说明轮胎的寿命已尽，必须更换。另外，花纹还有排遣路面积水的功效，是保持汽车抓地性的重要因素。

解决办法：千万不要自行制造轮胎花纹。如果磨损已达轮胎花纹的极限深度（通常为1.6 mm，宽度大于175 mm的轮胎则为2 mm）就要更换。当然，磨损程度会有差别，但须知同一根车轴上不同轮胎的磨损差别不得超过5 mm。

4. 轮胎内的“暗伤”

原因：车辆与硬物发生冲撞（例如撞在便道边沿上）后或在瘪胎状态下行驶后，轮胎的橡胶层会有严重划痕，影响密封程度。

解决办法：在此情况下，轮胎会漏气、破裂。如创面较小，当然可以修补，但若想长途行驶，则必须立即更换。

5. 中心部分磨损（见图2—4—12）

原因：如果发现轮胎着地部分的中心位置出现严重磨损的情况，表明轮胎经常处于充气过满的状态。这也不利于轮胎的保养，反而加速了轮胎的磨损。

解决办法：首先一定要检查一下压力，精确调整好压力。须知只有高速行驶或载重行驶的时候，才需给轮胎过分充气，而在一般状态下则不必。

图2—4—12　中心部分磨损

6. 轮胎侧面裂纹

原因：多因保养不善或行驶于多石子的路面及建筑工地上，以致坚硬物体接触到轮胎，在重压下造成了轮胎内层的破损。

解决办法：须立即补救，如修理费不太贵，则以修补为好，否则就要更换轮胎。

7. 轮胎出现鼓包（见图2—4—13）

原因：轮胎侧面出现鼓包，这是因为轮胎内层有裂纹而造成气体通过裂纹到达表层，最终导致轮胎“放炮”。

解决办法：不要以为可以修补一下了事，在橡胶上打补丁并不能持久，特别是驾车跑长途，最好及时更换轮胎。

8. 轮胎内侧磨损

原因：轮胎内侧磨损，外层边缘呈毛刺状。常见到一些旧车的悬挂系统不良，使整个车身深陷下去。这表明轮胎变形，两个轮胎的对称性已受影响。

解决办法：把减震器、球形联轴器等配件全更换一下。但如果费用太高，则可考虑先请专业修理工调校前桥与轮胎的角度。

9. 轮胎局部磨损（见图 2—4—14）

原因：如果轮胎表面只有一块大面积磨损，说明是紧急刹车时别住车轮所造成的；如果轮胎前后有两块相同的磨损，就说明鼓式刹车有问题了。

解决办法：在这种情况下无论如何必须更换轮胎。

图 2—4—13 轮胎鼓包

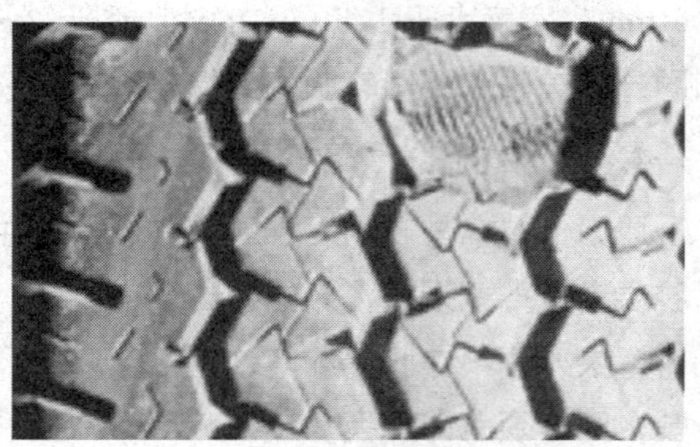

图 2—4—14 轮胎局部磨损

知识链接

1. 要保持足够的气压，汽车厂家为了车辆的减震和舒适性会牺牲轮胎，把轮胎的气压降低到 2.1～2.3 kPa，而轮胎的正常气压应该是 2.6～3.0 kPa。特别是在跑高速和夏天的时候一定不要降低气压，因为轮胎在行进中如果降低气压，轮胎升温快，使轮胎变软，橡胶和帘线、钢丝不停屈挠，产生驻波效应，从而发生爆胎。

2. 平时多注意轮胎花纹里面的杂物，如有小石头、铁屑、玻璃等，要及时清理，因为这些东西随着轮胎花纹的磨损深入到橡胶里面，造成轮胎漏气和钢丝、帘线断裂而变形。

3. 避免沾染油类。因为油类都含化学成分，对橡胶会造成腐蚀，加速轮胎的老化。

4. 经常检测四轮定位。在车辆每行驶 10 000 km 或者 3 个月左右，更换底盘零件时，行驶中方向发抖、跑偏等都要检测和调试四轮定位，使轮胎避免不规则和不正常磨损。

5. 及时换位。轮胎每行驶 1.5×10^4～2×10^4 km 时要及时进行换位，使轮胎全方位正常磨耗。

6. 经常检测轮胎动平衡。在更换轮胎、补胎、换位时要检测和调试动平衡，避免行驶时转向盘发抖和轮胎不规则、不正常磨损。

项目三　新车检查与日常维护

任务 1　新车 PDI 检查

学习目标

1. 能帮助客户正确识别车辆铭牌、车辆识别码；帮助客户了解车辆主要尺寸参数和性能参数。

2. 能对新车正确验证其状态，恢复车辆的正常工作状态，检验车辆的功能，并做出正确评价。

3. 能正确填写交车检验单。

任务描述

客户购买一辆新的轿车，销售人员要对整个车辆实施交车前的检验（PDI 工单），本任务是通过教科书、维修资料及网络等途径收集资料，获取新车交接的信息。学习如何填写 PDI 新车检查表和对交付用户的新车功能进行检查。

知识准备

一、新车交车检验的意义

经销商在新车交付用户之前实施交车前的检验，以保证车辆处于最佳状态，用户在提车后即可使用。为了使即将交付给顾客的新车状况及性能良好，保证各部件和机械运转正常，使顾客满意，需要认真细致地验收将要交付的新车，及早发现隐藏的质量缺陷，避免日后返修带来的麻烦。其内容包括检验前的准备工作、外部检查、发动机舱内检查、车辆底部检查、路试检查、最终检查等方面。

二、新车状态验证

1. 验证车辆状态

车辆由制造厂发往经销商的运输过程中可能出现损伤，车辆在到达经销商处时需对车辆状态进行验证，检点随车资料及物品，以保证车辆状态正常、资料物品齐全。

2. 车辆状态验证的项目与要求

运输状况的验证。厂家将新车运至经销商后，首先由销售人员验证车辆运输状况，经验收人员验收后，再编写入库编码，将车辆运输状况及入库编码记录在车辆入库检验单上。车辆运输状况主要包括发车地点、运输车号、司机姓名、司机联系电话、装运车辆数量、运输公司等。

车辆明细资料的查对及随车物品的检点由验收人员负责完成。车辆明细资料主要包括车辆品牌、车型、规格、颜色、发动机号码、车架号等信息。随车物品包括车辆手续资料和随车工具。

车辆手续资料包括货物进口证明书（进口车）、进口车辆随车检验单（进口车）、车辆安全性能检验证书、拓印（车辆铭牌、发动机号、车架号等的拓印）、运单、新车点检单等。随车工具一般包括车主手册、保修手册、备胎、钥匙、工具包、点烟器等。验收人员对以上项目进行仔细查对与检点，确定有无、是否正确，发现问题，在新车入库检验单中标记，对发现的问题进行记录，并提出处理意见。

3. 恢复新车正常的工作状态

恢复新车正常工作状态的意义是为了防止车辆在运输中发生问题。汽车在离开厂家前，汽车上运输中可能容易损坏的零部件没有安装，另行包装；还对一些需要保护的部位加装了保护装置等。

因此，在进行 PDI 时，车辆必须恢复正常的工作状态，发挥汽车的正常功能，避免用户在使用中出现意外事故。恢复新车正常工作状态主要包括以下内容：

（1）安装保险丝及短路销。

（2）安装汽车厂提供的零部件。

（3）从制动器盘上拆下防锈盖。

（4）安装橡胶车身塞。

（5）取下前弹簧隔圈。

（6）取下紧急拖车环。

（7）调整轮胎空气压力。

（8）除去不必要的标志、标签、贴纸等。

（9）取掉车身防护膜。

三、新车检查相关知识

1. 汽车 VIN 码

（1）定义

VIN 是英文 Vehicle Identification Number（车辆识别码）的缩写。因为 ASE 标准规定 VIN 码由 17 位字符组成，所以俗称十七位码。车辆识别代号经过排列组合，可以使车型生产在 30 年之内不会发生重号现象，这很像身份证不会产生重号一样，它具有对车辆的唯一识别性，因此又有人将其称为“汽车身份证”。车辆识别代号中含有车辆的制造厂家、生产年代、车型、车身型式、发动机以及其他装备的信息。正确解读 VIN 码，对于正确地识别车型、诊断和维修都是十分重要的。

（2）位置

1）除挂车和摩托车外，标牌应固定在门铰链柱、门锁柱或与门锁柱接合的门边之一的柱子上，接近于驾驶员座位的地方；如果没有这样的地方可利用，则固定在仪表板的左侧。如果那里也不能利用，则固定在车门内侧靠近驾驶员座位的地方。

2）标牌的位置应当是除了外面的车门外，不移动车辆的任何零件就可以容易地读出。

3）我国轿车的 VIN 码大多可以在仪表板左侧、风窗玻璃下面找到（见图 3—1—1），也有的在发动机舱内部，如图 3—1—2 所示。

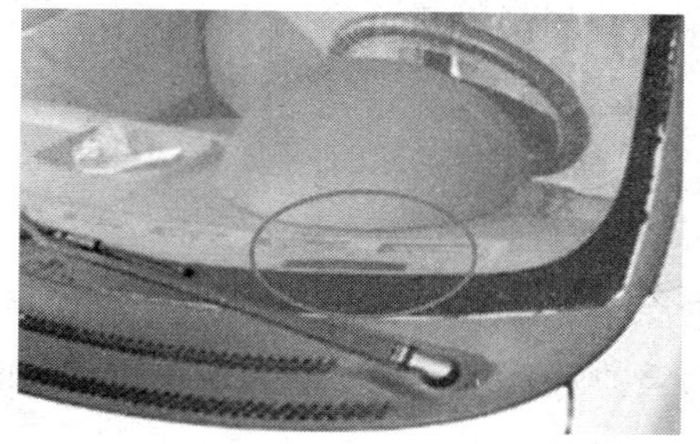

图 3—1—1　风窗玻璃左前侧（起亚）

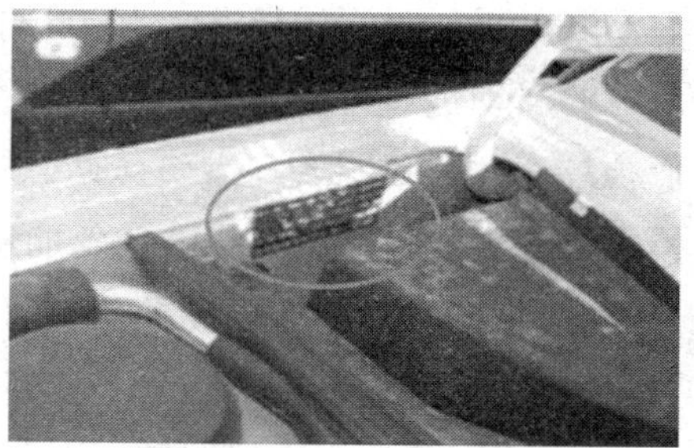

图 3—1—2　内板的铭牌上（捷达 GIX）

2. 发动机舱

（1）发动机舱内主要零部件的安装位置（见图 3—1—3）

（2）发动机舱检查内容

1）检查各种油品，看地上有没有机油点、底盘有没有油污。要看上、下、左、中、右，

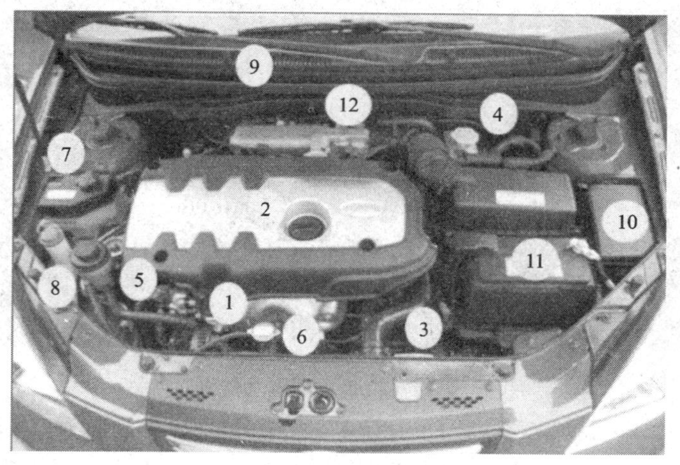

图 3—1—3　发动机舱

1—发动机机油尺　2—发动机机油加注口　3—自动变速器油尺　4—制动液加注口
5—转向助力液加注口　6—水箱加注口　7—防冻液辅助水箱　8—玻璃清洁液加注口
9—刮水器　10—保险丝盒　11—蓄电池　12—节气门体

上就是发动机上盖，下就是油底壳，左、右就是两边传动轴皮套处，中是飞轮盘旁护盖下部，这些部位可从狭缝处看到，标准是不能有湿润的沾灰现象，地面无油迹。拉起机油尺，检查机油是否清亮，是否油位合适。拉起变速器油尺，检查变速器油是否清亮，是否油位合适。

2）水箱冷却液液面高度符合标准，水管无泄漏。

3）看电瓶液面是否合适，电瓶接头有否腐蚀，小窗是否绿色，蓄电池连线是否紧固，其他各处线头连接是否有松动等。

4）看发电机、压缩机的带松紧度。

5）第一次点火后不要轰油门，看会不会自动熄火。

6）启动发动机，转速表应打到 1 000 r/min 以上，再平顺滑落至 750 r/min 左右。

7）怠速时发动机声音应均匀，平稳，连续。

8）低挡怠速时有无明显的抖动（听不见声音只是抖动），怠速时转向盘是否抖得厉害。

9）慢加油，发动机声音无异响；急加油，发动机反应准确、迅速。

10）猛踩猛放油门时声音要和顺，中间不能有杂音。

11）手心接近排气管，不要碰到，应感觉排气管排气连续，掌心潮湿但没有机油味。

12）试车以后，打开发动机罩盖，看看里面是不是有烟雾。

3. 乘员舱

（1）车辆内部主要功能开关位置（见图 3—1—4、图 3—1—5）

图 3—1—4　仪表台周围功能开关

1—玻璃升降控制开关　2—车门开启内把手　3—转向盘　4—灯光控制杆　5—喇叭
6—刮水器控制杆　7—仪表台　8—空调出风口　9—音响及其控制按钮　10—时间显示器
11—危险警告灯按钮　12—风速调节旋钮　13—风向调节旋钮　14—温度调节旋钮
15—点烟器　16—油门踏板　17—制动踏板　18—自动变速器换挡杆

图 3—1—5　驾驶员座椅

1—座椅调节装置　2—安全带　3—天窗　4—顶灯　5—后视镜　6—驻车制动

（2）乘员舱检查内容

1）四个电动窗的升降，反复多次试验：升降是否顺畅，玻璃到底后位置正不正，是否冲底；左前窗玻璃能不能一次升到顶，玻璃与胶条间阻力是否较大。

2）试中控门锁、儿童锁是否起作用，门锁对位是否准确。

3）调节转向盘上下角度。

4）晃动转向盘，上下不应有间隙，左右自由行程不应过大。

5）打开空调，试 A/C 开关，冷、热都要试，时间长些。

6）按汽车喇叭，听鸣笛声。

7）试雨刷：要看它会不会喷水，喷水角度对不对，测不同挡的速度是否明显、顺滑，是否刮干净，噪声如何。

8）雨刷能不能回到底。

9）天窗开关控制有无问题，试验各项功能。

10）查看车内各种灯：前阅读灯、后阅读灯、开门灯、后备厢灯（车内灯可能虚接，有时不亮）。

11）查看仪表盘指示灯、开门报警灯、燃油报警灯、安全带灯、驻车制动灯和其他报警指示灯是否正常。

12）调节仪表盘夜光灯、指示灯亮度以及大灯俯仰角度。

13）测试电动座椅 8 向调节功能和电加热功能。

14）试验安全带功能，快速拉动安全带，应该会卡死拉不动。

15）两侧电动后视镜：各个方向调整测试、电动折叠测试。

16）试内后视镜、遮阳挡板及开关。

17）测试后窗电加热除霜功能，试后刮水器。

18）熄火后试 CD 音响和收音机功能：换碟、AM/FM、选台、音量等各个按钮。

4. 汽车外观

(1) 车辆外部结构认知（见图 3—1—6）

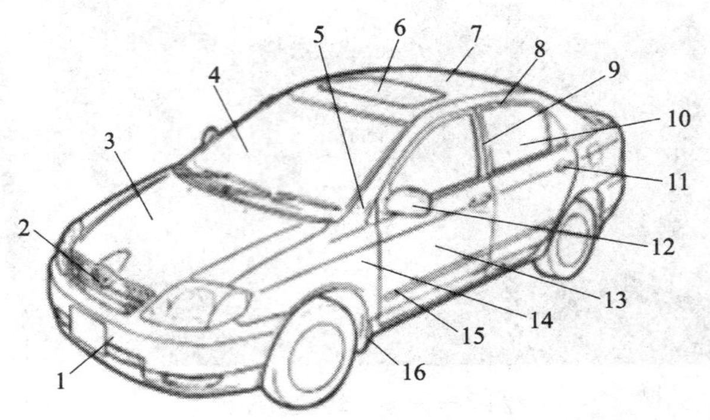

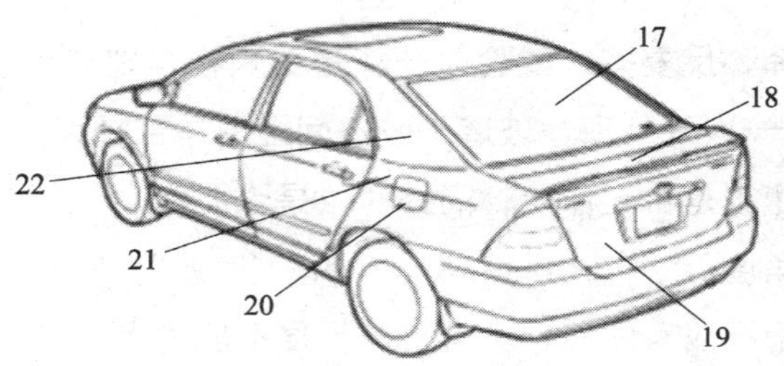

图 3—1—6 车辆结构

1—保险杠 2—散热器护栅 3—发动机罩（盖） 4—风窗玻璃 5—前柱 6—滑动天窗 7—天窗板 8—门框 9—中柱 10—门窗玻璃 11—外侧车门把手 12—车外后视镜 13—门板 14—前翼子板 15—外嵌条 16—挡泥板 17—后窗玻璃 18—后扰流器 19—后备厢盖 20—加油口盖 21—后翼子板 22—后侧柱

(2) 车灯总成（见图 3—1—7、图 3—1—8）

1) 汽车大灯总成一般由光源（灯泡）、反光镜、配光镜及其附件组成。

2) 分类

①汽车前照灯按其结构特点可以分为全封闭式前照灯、半封闭式前照灯。

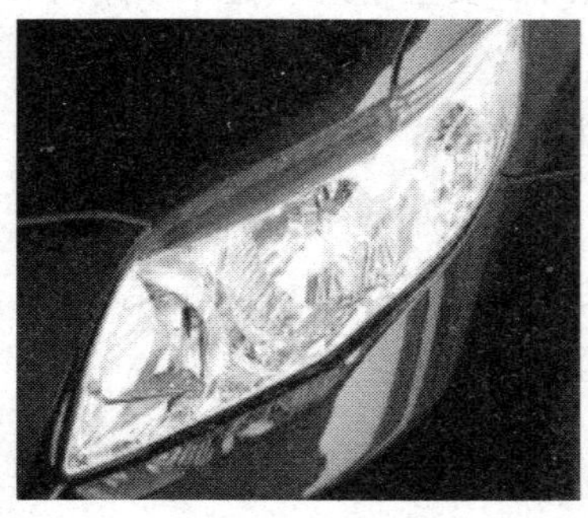

图 3—1—7 汽车前照灯

图 3—1—8 尾灯

②按前照灯在汽车上的安装方式又可分为外装式前照灯、内装式前照灯和可藏式前照灯。

③按其形状可分为圆形前照灯、方形前照灯、长方形前照灯及异形前照灯。

④按汽车装备前照灯的数量可分为两灯制前照灯系统、四灯制前照灯系统以及带有辅助前照灯的前照灯系统等。

(3) 汽车外观检查

1) 顺光、逆光检查车漆，看有无划痕、小坑、异色、斑点。

2) 发动机盖、车门、保险杠、后备厢表面应平整、光亮，缝隙要小，车面要平，门缝及前、后车灯缝隙应均匀、对称。

3) 发动机舱左、右前端，大灯部位金属板和尾箱后端左、右金属板有无钣金的痕迹(褶皱)。

4) 分别打开左、右两个前门门锁，看按钮是否过紧、不能转动。

5) 看车门踏板和门框、水槽的外观。

6) 玻璃是不是原配的(看玻璃下方的标记)，各块玻璃是不是平整、透亮，风窗玻璃必须特别平整，从各个角度看外部景物都无变形，用手轻敲后窗和车门玻璃，不应炸裂。

7) 车门开启是否灵活，开门锁时不应太吃力，门轴转动时不应有杂音，关门是否能一步到位，4 个门都要试，检查 4 个门的内外拉手(共 8 个)，都应该顺滑、干脆且无杂音。

8) 车门密封胶条严不严，洗车时漏不漏水，后备厢盖密封严不严。

9) 按住四个轮子上方的车身向下压几下，看四个角的反弹能力。可用手大力按动车身一角，松开后，看其弹动次数，以 1～2 次为好。

10) 把车停住按一下车前角，如果减振会响，可能是弹簧上边的胶垫坏了。

11) 检查 4 个轮胎和备胎的胎压、花纹，螺栓和螺母的扭力，气帽嘴在否，轮毂饰盖安装是否到位，备胎与 4 个轮胎规格是否一致。

5. 汽车底盘认知

底盘的作用是支承、安装汽车发动机及其各部件、总成，形成汽车的整体造型，并接受发动机的动力，使汽车产生运动，保证正常行驶。底盘由传动系、行驶系、转向系和制动系四部分组成(见图 3—1—9)。

(1) 传动系

1) 组成。传动系一般由离合器、变速器、万向传动装置、主减速器、差速器和半轴等组成。

2) 功用。汽车发动机所发出的动力靠传动系传递到驱动车轮。传动系具有减速、变速、倒车、中断动力、轮间差速和轴间差速等功能，与发动机配合工作，能保证汽车在各种工况

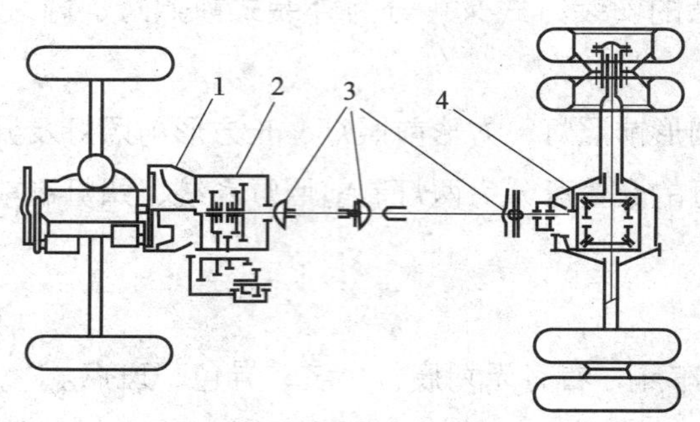

图 3—1—9　底盘传动系

1—离合器　2—变速器　3—万向节　4—主减速器、差速器

条件下的正常行驶，并具有良好的动力性和经济性。

3）种类。传动系可按能量传递方式的不同，划分为机械传动、液力传动、液压传动、电传动等。

（2）行驶系

1）组成。行驶系由汽车的车架、车桥、车轮和悬架等组成，如图 3—1—10 所示。

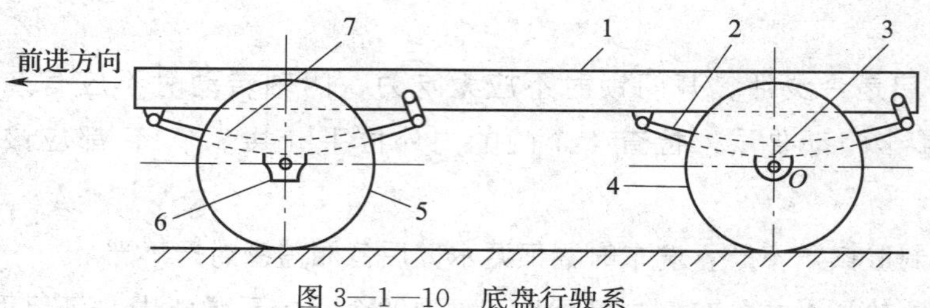

图 3—1—10　底盘行驶系

1—车架　2—后悬架　3—驱动桥　4—后轮　5—前轮　6—从动桥　7—前悬架

2）功用

①接受由发动机经传动系传来的转矩，并通过驱动轮与路面的附着作用，转化为汽车行驶的驱动力。

②将全车各部件连成一个整体，支承汽车的总质量。

③传递并承受路面作用于车轮上的各种力及其力矩。

④缓和不平路面对车身造成的冲击和振动，保证汽车平稳行驶。

（3）转向系

1）定义。汽车上用来改变或恢复其行驶方向的专设机构称为汽车转向系统（见图 3—1—11）。

2）组成

①转向操纵机构：主要由转向盘、转向轴、转

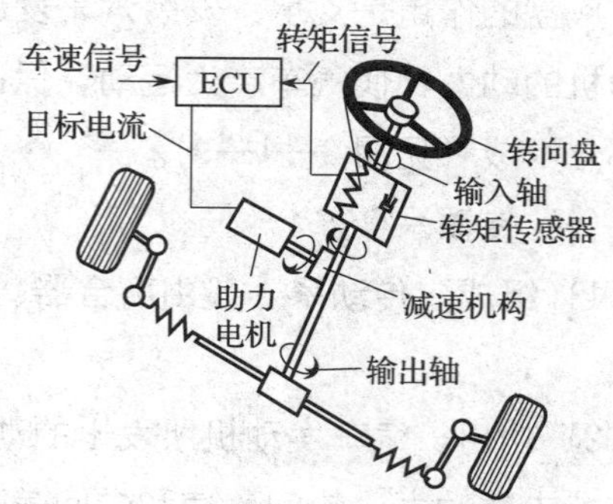

图 3—1—11　汽车转向系

向管柱等组成。

②转向器：将转向盘的转动变为转向摇臂的摆动或齿条轴的直线往复运动，并对转向操纵力进行放大的机构。转向器一般固定在汽车车架或车身上，转向操纵力通过转向器后一般还会改变传动方向。

③转向传动机构：将转向器输出的力和运动传给车轮（转向节），并使左、右车轮按一定关系进行偏转的机构。

（4）制动系

1）定义。汽车上用以使外界（主要是路面）在汽车某些部分（主要是车轮）施加一定的力，从而对其进行一定程度的强制制动的一系列专门装置统称为制动系统（见图 3—1—12、图 3—1—13）。

2）作用。使行驶中的汽车按照驾驶员的要求进行强制减速甚至停车；使已停驶的汽车在各种道路条件下（包括在坡道上）稳定驻车；使下坡行驶的汽车速度保持稳定。

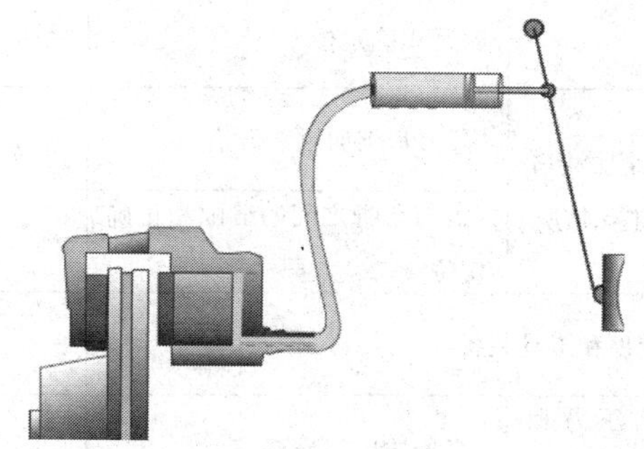

图 3—1—12　盘式制动器原理

图 3—1—13　鼓式制动器

3）分类

①按制动系统的作用分。制动系统可分为行车制动系统、驻车制动系统、应急制动系统及辅助制动系统等。

②按制动操纵能源分。制动系统可分为人力制动系统、动力制动系统和伺服制动系统等。

③按制动能量的传输方式分。制动系统可分为机械式、液压式、气压式、电磁式等。同时采用两种及以上方式的制动系统称为组合式制动系统。

任务实施

一、PDI 检查工单

熟悉 PDI 检查工单的项目和内容，根据对用户新车检查填写表格。

VIN码	车型·年型	发动机号	钥匙号	颜色

顾客姓名和地址	经销商名称

※1. 发动机舱（冷机时）		检查结果
冷却液（MIN－MAX）		
清洗液（MIN－MAX）		
发动机机油（L－H）		
制动液/离合器液（MIN－MAX）		
转向助力液（如有配置）		
电池状态的检查	电池接线柱的紧固	
	※电池的工作情况	
带的状态	带有无破损、污染	
	※带张紧度确认	
发动机舱内是否有泄漏	发动机机油	
	散热器内的冷却液、软管接头、水泵	
	制动器和离合器管路	
	动力转向管路	
	燃油管路	
2. 外部		检查结果
车门和门锁的状态	所有的车门都能够顺利地打开和关闭	
	检查车门与车身之间的缝隙和正确定位	
	确保使用开启器和/或钥匙能够平顺地打开行李箱盖（尾门）	
	确认在使用外侧和内侧手柄时顺利打开/关闭车门	

车门和门锁的状态	确保车门在锁止时不能被打开	
	确保使用钥匙能够锁止前车门并为其开锁	
	确保电动门锁控制系统工作正常	
儿童保护功能		
发动机罩的工作情况	确保使用释放手柄时发动机罩很容易打开	
	发动机罩和翼子板之间的缝隙及正确定位	
燃油加注口盖的工作情况	用开启器时顺利开启	
	盖与车身之间的缝隙和正确定位	
千斤顶和工具装备		
备胎压力和安装	※备胎压力检查	
	备胎固定确认	
※调整轮胎压力		
※检查车轮螺母扭矩和安装轮罩		
3. 底部		检查结果
轮胎是否有缺陷和损坏		
齿轮油液面	手动变速箱/变速驱动桥	
	差速器	
油液泄漏	制动管路	
	离合器管路	
	燃油管路	
	发动机机油	
	T/M（变速箱）	
	转向机油（如有配置）	
	差速器齿轮油	
	减振器	
悬架与转向系螺栓/螺母的紧固情况		
排气系统的装配情况		

续表

VIN码	车型·年型	发动机号	钥匙号	颜色

顾客姓名和地址	经销商名称

车身下面是否有损坏	制动管路	
	燃油管路	
	转向连杆和防尘罩	
	驱动轴防尘罩	
	驻车制动拉线	
※4．内部—发动机关闭		检查结果
座椅的工作情况	座椅的前、后移动	
	靠背的倾斜	
	头枕的安装	
	后排座椅的折叠	
安全带的工作情况	安全带扭曲、脏污或损坏	
	安全带平顺拉伸、收缩	
	安全带的锁止	
	肩带固定点的调整	
转向盘的锁止和调整	转向盘的锁止	
	转向盘倾斜的调整与锁止	
手套箱盖、控制台杂物箱盖、烟灰缸/点烟器和遮阳板的工作情况	手套箱的顺利开启	
	手套箱照明（如有配置）	
	烟灰缸、点烟器工作正常	
	前排遮阳板安装正确	
安装保险丝		
设置时钟		
收音机电台预设		
NAVI的调整（如有配置）		
倒车影像的调整（如有配置）		
座椅加热/按摩功能确认（如有配置）		
电动后遮阳帘工作状态确认（如有配置）		
检查车内后视镜和车外后视镜		
报警灯	驻车指示灯	
	电瓶充电指示灯	
	机油压力指示灯	

报警灯	发动机故障指示灯	
	ABS	
	AT CHECK	
	水温指示灯（如配置）	
	智能钥匙锁止指示灯/KEY（如果装备）	
	安全气囊指示灯	
	座椅安全带指示灯	
启动发动机		检查结果
启动性能和发动机噪声		
内部灯光		
前部灯光		
后部灯光		
喇叭		
刮水器和洗涤器		
大灯清洗器（如有配置）		
暖风和空调		
后窗除雾器		
天窗的工作情况	开关升降功能正常	
	防夹功能（如有配置）	
车窗的工作情况	开关升降功能正常	
	防夹功能（如有配置）	
检查后阅读灯		
后排座椅中央扶手/开关	扶手/茶杯托架	
	控制开关功能（如有配置）	
5．发动机舱—发动机运转		检查结果
怠速状态	有无异响、是否平稳	
※A/T（自动变速箱）油的液面高度		
6．路试		检查结果
自动变速箱驻车互锁装置和换挡锁		
手动变速箱和离合器		
仪表显示是否有不正常跳动	车速表	
	里程表	
	转速表	
	水温表	
	燃油表	

续表

VIN码	车型·年型	发动机号	钥匙号	颜色

顾客姓名和地址	经销商名称

制动踏板和驻车制动的工作情况		
转向	转向盘对中	
	转向盘能否自动回位	
噪声和振动	内饰、仪表板噪声	
	传动系噪声	
	风噪	
自动门锁（如有配置）		

7. 最终检查	检查结果
漏水	
车身或漆面缺陷	
车身配合和定位	
识别标记、装饰条和标签	
被弄脏的表面	
去除多余的粘贴物	
内饰的装配和定位	
手套箱内的文件	

处理结果：

检查人员：	主管：

说明：※表示做此项目时需要使用工具检查。

检查项目正常打“√”；不正常打“×”，并将处理结果写入“处理措施”栏中；无此项目打“/”，此表保存期两年。

二、新车 PDI 检查

<table>
<tr><td colspan="2">一、随车资料的检查</td></tr>
<tr><td colspan="2">1. 购车发票
2. 车辆合格证
3. 三包服务卡
4. 车辆使用说明书
5. 其他文件或附件（有些车辆发动机有单独的使用说明书，有些车辆的某些选装设备有专门的要求或规定，消费者要向经销商索要有关凭证）</td></tr>
<tr><td>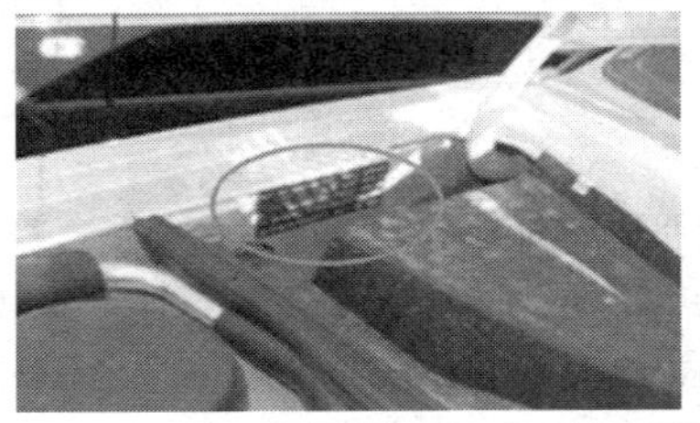</td><td>6. 核对铭牌：排量、出厂日期、车架号、发动机号</td></tr>
<tr><td colspan="2">注：合格证上的号码必须与车上的发动机号、车架号一致。
该部分的各项单据/凭证/资料必须认真检查，如果发现有任何的遗漏、错误都必须要求销售商立刻解决，否则将影响上牌照、日后的保修等内容</td></tr>
<tr><td colspan="2">二、启动前发动机舱检查</td></tr>
<tr><td></td><td>发动机舱：打开发动机罩，查看发动机及附件有无油污、灰尘，尤其是缸盖与缸体接合处、机油滤清器接口处、空调压缩机、转向助力泵、传动轴等结合缝隙处有无渗漏</td></tr>
<tr><td colspan="2">检查各种液面（冷却液、发动机机油、制动液、转向助力液、电解液、制冷剂、玻璃水等）是否处于最高和最低刻度之间的正常值范围内。检查电瓶线是否已经进行可靠固定，不能松动，否则将影响电路的可靠性
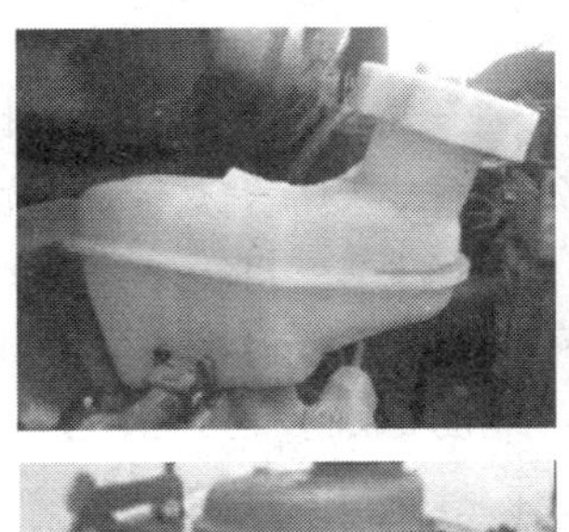 
 </td></tr>
</table>

续表

三、启动前的车外检查	
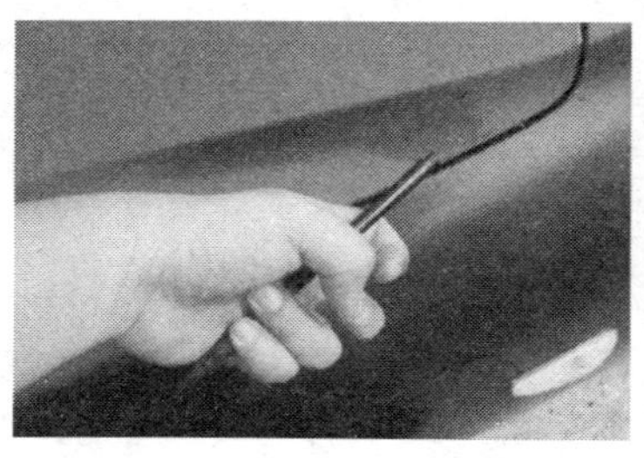	1. 车身平整度：检查车身钢板、保险杠的平整度，不应该出现不正常的凹陷、凸起。车体防擦条及装饰线应平直，过渡圆滑，接口处缝隙一致
	2. 车身漆面：颜色协调、均匀、饱满、平整和光滑，无针孔、麻点、皱皮、鼓包、流痕和划痕等现象，异色边界应分色清晰，同时还应该确认没有经过补漆
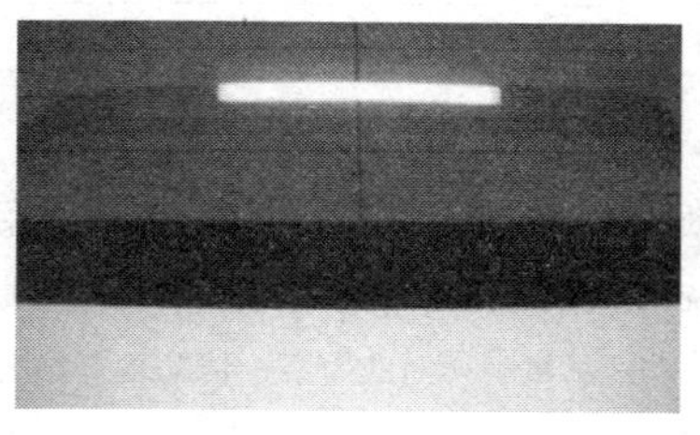	3. 车窗玻璃：检查玻璃有无损伤和划痕，重点检查风窗玻璃。风窗玻璃必须具有良好的透光性，不能出现气泡、折射率异常的区域
 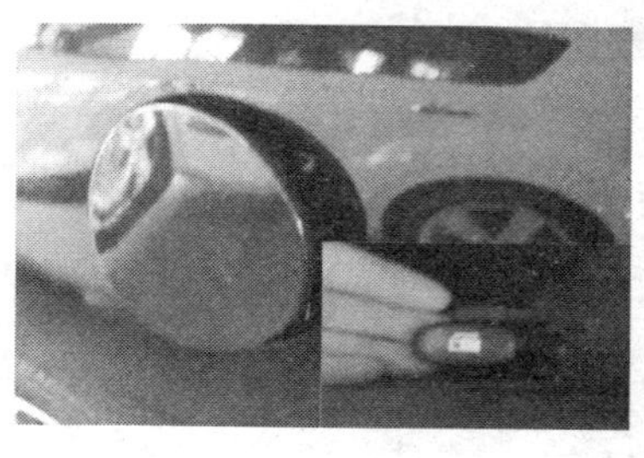	4. 车身装配：检查发动机盖、后备厢盖、车门、油箱盖、大灯、尾灯等处的缝隙是否均匀，同邻近位置的车身是否处于同一平面，有无错位等现象。检查各处开启、关闭时是否顺畅，声音是否正常，可以适当多开关几次。此时，一并检查各处密封条是否完好、均匀、平整，各门把手或开关是否方便、可靠

续表

<table>
<tr><th colspan="2">三、启动前的车外检查</th></tr>
<tr><td></td><td></td></tr>
<tr><td></td><td rowspan="3">5. 轮胎部分：检查备胎与其他 4 个轮胎规格和花纹等是否相同。查看轮胎是否完好，有无磨损、裂痕。查看轮毂是否干净，有无凹陷、划痕。还应该询问或者实测胎压，保证轮胎处于正常胎压且四轮气压一致。轮胎气压符合要求时，在车前观看车身、保险杠等对称部位离地高度应一致。此时，还应该从侧面推、拉轮胎上侧，感觉不松旷。如果是盘式制动器，还应该检查制动盘是否完好，不应有明显磨损和污物</td></tr>
<tr><td>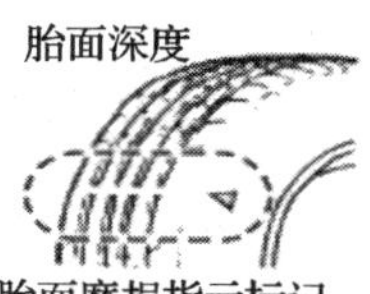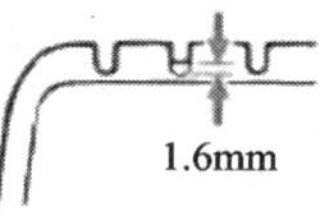</td></tr>
<tr><td></td></tr>
<tr><td></td><td></td></tr>
</table>

续表

<table>
<tr><td colspan="2">三、启动前的车外检查</td></tr>
<tr><td></td><td rowspan="2">6. 后备厢：后备厢是否干净，内侧衬板是否平整，如果是遥控开启或是车内开启方式的，应该检查一下开启是否顺利和上锁后是否可靠。检查灭火器、随车工具、备胎是否齐全，固定是否可靠</td></tr>
<tr><td>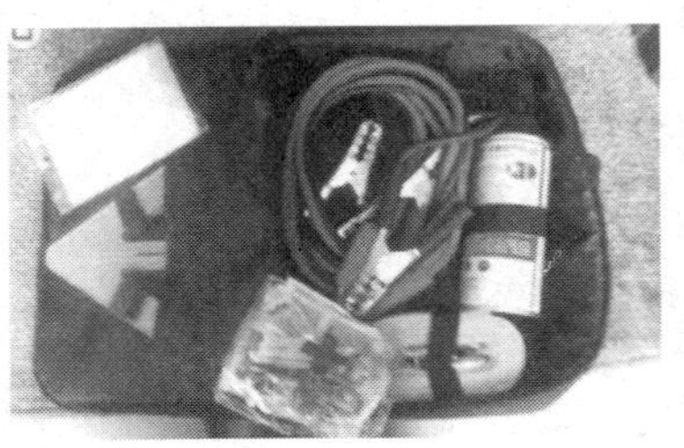</td></tr>
<tr><td colspan="2">四、底盘检查</td></tr>
<tr><td>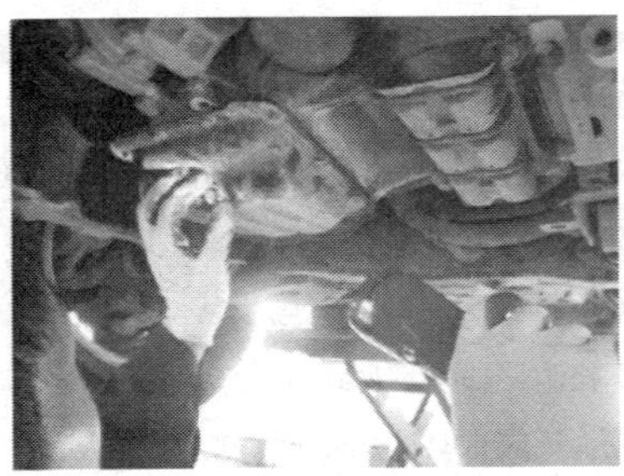
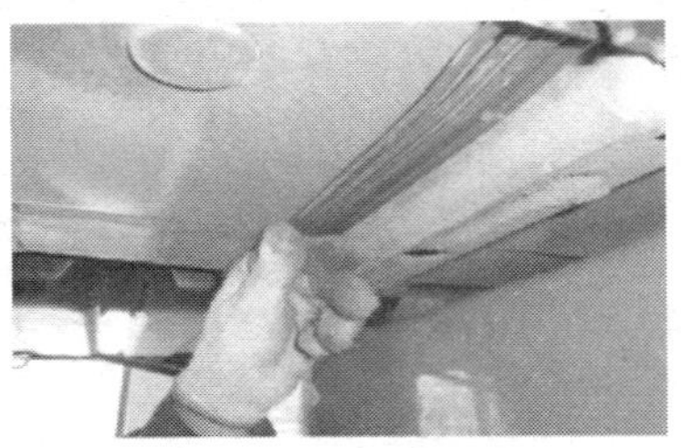
</td><td>底盘部分：检查汽车有无冷却液、润滑液、制动液、电解液及制冷液泄漏现象。此时，一并检查机器各部位是否有漏油现象。如果发生泄漏，在车辆长时间停放的地面上、底盘上的一些管路和凸起处可以看到渗漏、油渍的痕迹。检查底盘是否有刮碰伤痕，管路是否有明显不合理处</td></tr>
</table>

续表

<table>
<tr><th colspan="2">五、启动前的车内检查</th></tr>
<tr><td></td><td>1. 洁净程度：检查车内各处的洁净程度，应该没有任何脏东西，尤其是角落等处，如果比较脏则可能是别人挑剩下的或者有问题调整过的车。同时应该检查所有饰面是否有破损的地方，如中控台、座椅、车顶、车底面等</td></tr>
<tr><td>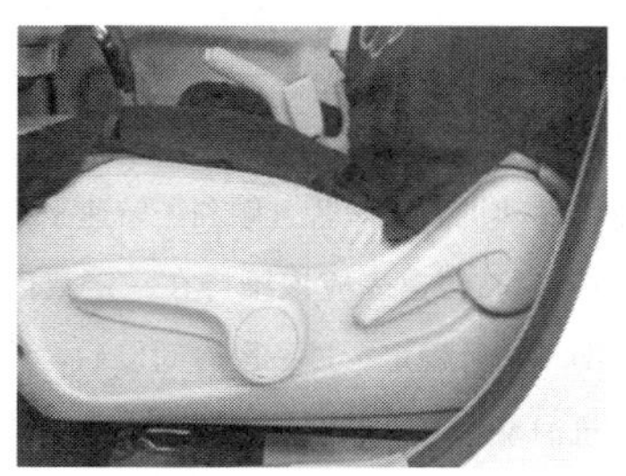</td><td>2. 座椅：座椅表面应清洁、完好，乘坐时应该基本舒适，不应该感觉到座椅内有异物影响乘坐。如果座椅可以进行多方向调节，应该进行调整测试，必须能够达到各个方向的限位点，且调整过程能够保持平顺、无异响。如果后座可以进行折叠，应该检查折叠的效果。如果座椅可以放倒一定角度，应该进行角度方面的调整测试。如果头枕可调也应该调整检查</td></tr>
<tr><td>

</td><td>3. 中控台：检查中控台各部分是否完整、按键是否可靠，表面是否整洁，不应该有划痕和污迹。带有遮阳板、化妆镜的可以一并检查。对于车内其他按键也一并在点火前进行初步检查，如中控门锁、窗、后排空调开关、转向盘上的转向灯等</td></tr>
<tr><td></td><td>4. 储物空间：检查车内每一个储物空间的整洁度，和开启、锁闭的可靠性。车内储物空间很多，尽量不要遗漏，如中控台部分的多个储物盒、车门、座椅下面和后面、前后中央扶手等处</td></tr>
</table>

续表

五、启动前的车内检查	
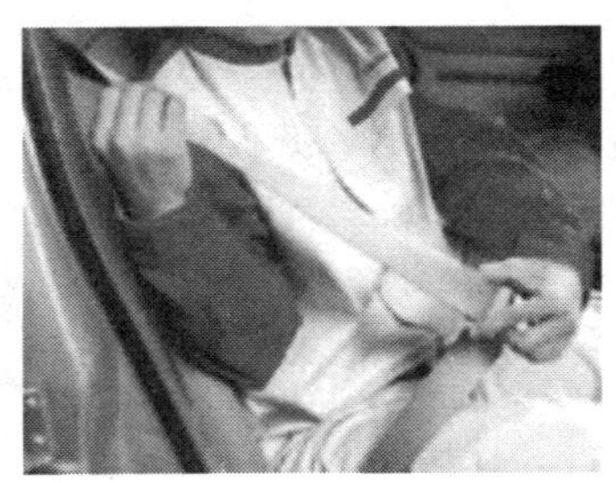	5. 安全带：仔细检查每一条安全带拉开、自动回收、锁止的可靠性，应该平稳顺畅。模拟并检查安全带在发生作用时的可靠性，就是用手特别迅速地拉动安全带。如果是高低可调的安全带，还应该进行调整测试
六、启动后的静止检查	
	1. 发动机怠速：发动机点火短暂且顺利，转速平稳，无抖动和杂音。一段时间后，转速表应该维持在一定数值范围内（800～1 200 r/min），指针稳定。过一段时间以后，检查水温表（90℃左右）、机油温度表等显示是否正常
	2. 仪表盘：显示是否清楚，各指示灯及转速、速度、油表、水温表、里程表、时钟、电压表等是否正常。一些自检指示灯只在点火开关打开时亮起一会儿，启动时请留意。通常有 ABS、刹车、车门开启提示、机油警示、刹车片过薄警示、水温异常、油温异常、未系安全带、灯光、转向等多个指示灯，而其中大部分正常行驶时应该是不亮的，一般当有红色警示灯亮时就应该注意了。行车电脑要逐项检查显示是否正常、稳定、可靠
 	3. 转向盘：检查转向盘是否转动自如，自由行程是否过大，回轮后位置是否正确。多向可调转向盘测试调节是否方便，是否在各个位置都能够很好地控制转向

续表

六、启动后的静止检查	
	4. 变速箱：变速器换挡应轻便灵活，挡位准确，不脱挡、不乱挡、无异响，连续换挡时应该流畅
	5. 制动/离合/油门：制动/离合踏板应该脚感舒适、软硬适中，行程适当、自由行程不应过长，应该平稳顺畅、无异响异动。保持空挡或驻车挡，轻点油门，发动机应该给予响应，转速应该随着油门稳定地变动。驻车制动行程应该适中，且效果可靠。制动踏板踩到最深，保持一分钟，踏板不能有缓慢下移现象
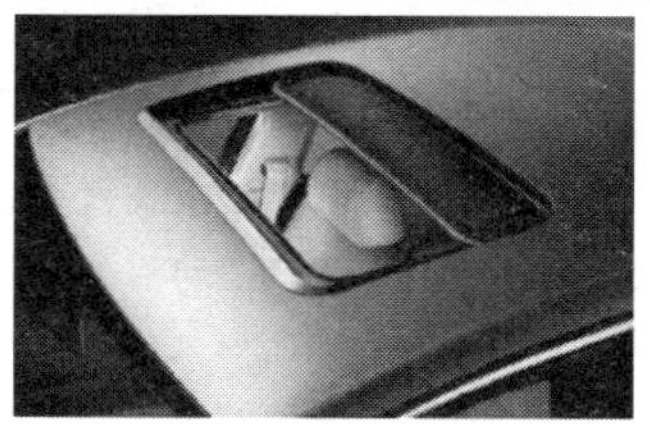 	6. 后视镜/车窗/天窗：在开启、闭合的过程中是否自如、平稳、顺畅，无明显噪声。后视镜视野合理、成像清晰，能够基本覆盖身后视野。车窗应该洁净、平整，视线清晰。天窗的滑动/开启/倾斜等功能检查。各项调整功能，尤其是电动调节功能必须能够调整到最大限位，带有后视镜折叠功能（电动或者手动）的需要测试折叠的可靠性
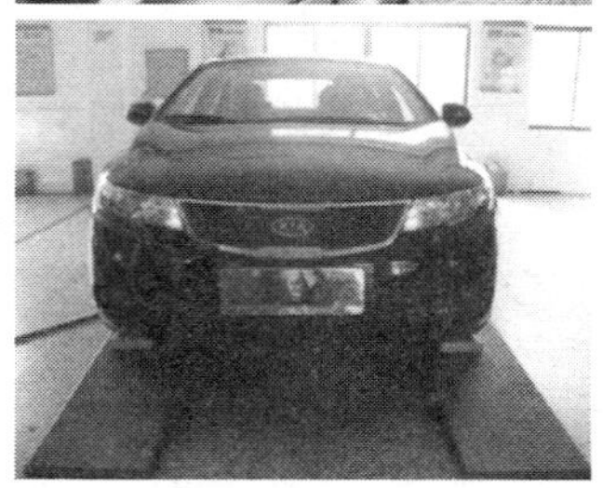	7. 灯光：明亮、稳定，开关可靠。对称安装的灯的类型、规格及照射高度一致，变换远、近灯光，亮度及照射位置正确，不偏离、散光，各种灯的安装及光度应符合厂家出厂说明要求，包括示宽灯、近光灯、远光灯、雾灯、转向灯、刹车灯、倒车灯、车门灯、阅读灯、化妆灯、储物箱照明灯、后备厢照明灯、仪表盘照明

续表

<table>
<tr><th colspan="2">六、启动后的静止检查</th></tr>
<tr><td>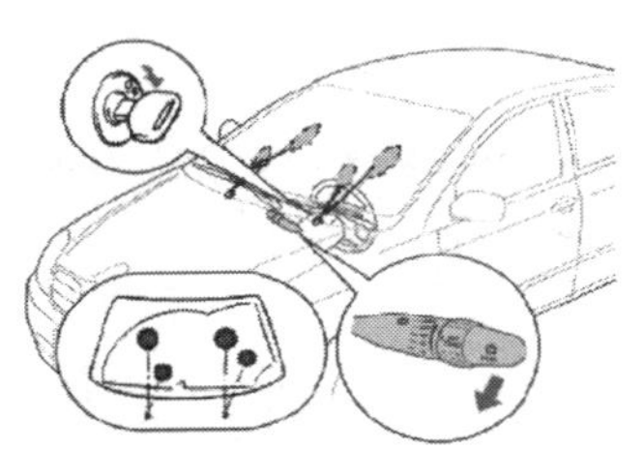</td><td>8. 刮水系统：各挡位（慢速、间歇、快速）速度是否合理（绝对不要在无水情况下使用刮水器），喷水系统是否工作正常。刮水器扫过玻璃时，应该基本上没有刮玻璃的噪声，且扫水方面没有明显的遗漏</td></tr>
<tr><td>
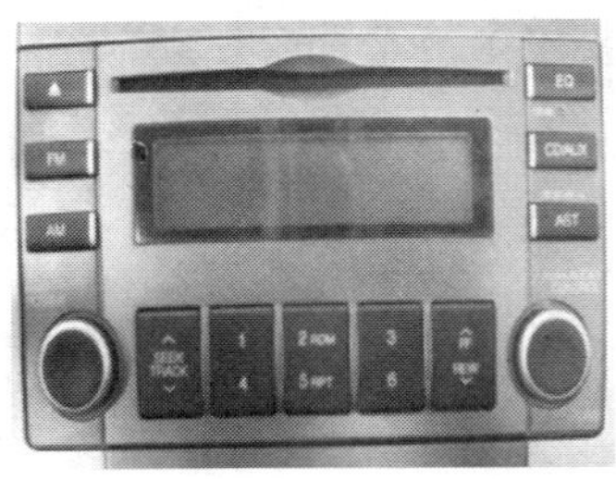</td><td>9. 空调：调整冷热后应该能够在一定时间内吹出冷/热风。风口调整应该可以顺利关闭、开启或者转向指定角度。调整风的循环模式，如内外循环、除霜模式、出风模式等，应该立刻给予响应，各风口的风量相应作出变更。出风口不应该吹出过多污物和异味，且在风量不是很大时，不应该有明显的风声。自动空调测试一下温控功能是否可靠、准确。</td></tr>
<tr><td></td><td>10. 音响系统：检查收音机/CD运转时的效果（提车前请准备好CD），注意静电噪声、接受灵敏度、抗干扰能力（可以将手机放在旁边然后拨号）、音质、挑碟、换碟等方面是否正常、可靠。对于多喇叭系统，应该留意每个喇叭是否都能够正常发声，并通过调节音响的高低音、左右声道、前后音场、混音模式等进行进一步检查</td></tr>
</table>

任务 2　汽车的日常维护

学习目标

1. 能叙述汽车维护的重要性和意义。
2. 能说明汽车日常维护保养的项目类别、车辆定期维护保养的项目类别。
3. 能进行汽车日常维护保养的操作及检查。

任务描述

一辆刚购置的轿车，车主在提车时想了解该车日常维护与保养的相关内容。本任务是通过教科书、维修资料及网络等途径收集资料，获取汽车日常维护的信息。通过维护作业了解维护的工作过程，进一步理解维护保养的相关内容。

知识准备

一、汽车维护的基本原则

“预防为主，强制维护”是汽车维护的基本原则。汽车维护工作是保持汽车正常技术状态的基础，维护的作业内容是依照汽车技术状况变化规律来安排的。实践证明，定期按维护间隔里程和作业项目对汽车进行强制维护，及时发现和消除故障隐患，可以有效地延长汽车的使用寿命，防止汽车早期损坏。

二、汽车维护级别的划分

汽车维护的类别，依据其作业周期和性质的不同可分为定期维护和非定期维护两种。

汽车定期维护分为日常维护、一级维护、二级维护。

汽车非定期维护分为磨合期维护、换季维护，此外还有封存和启用维护。

汽车日常维护的周期为出车前、行车中和收车后。汽车一、二级维护周期的确定，应以汽车行驶里程为基本依据；对于不便于用行驶里程统计的汽车，可用时间间隔确定周期。定期维护间隔里程应依据车辆使用说明书的有关规定，结合汽车使用条件的不同，由各地省级交通主管部门确定；按使用时间间隔确定维护周期的车辆可依据汽车使用强度和条件的不同，参照汽车一、二级维护里程周期确定。

汽车一、二级维护周期主要依据车辆使用说明书的相关规定，结合汽车使用条件和汽车的使用强度等因素确定。一级维护一般在汽车行驶到 1 500～2 000 km 时进行，它以紧固、润滑为主。二级维护一般在汽车行驶到 6 000～8 000 km 时进行，二级维护以检查、调整为中心，对行驶一定里程的车辆进行一次较深入的技术状况检查和调整，其目的是使车辆在以后较长时间内能保持良好的运行性能。现在是以汽车的行驶里程数来命名的，通常情况下以5 000 km为一个周期（也有7 500 km或10 000 km），新车行驶满5 000 km后进行的维护即为首次保养，第二个5 000 km为10 000 km保养，以此类推，随着行驶里程数不断增加操作项目不断增加。

1. 车辆使用说明书的有关规定与维护周期

在每一辆汽车的随车文件中，车辆使用说明书是一份必不可少的使用技术资料。其中，对该车型的强制维护的分级、周期及各级维护的作业内容都有明确规定，并要求车辆在使用过程中应按照使用说明书的要求严格执行，尤其是初驶过程中应到制造厂指定的特约维修站进行车辆维护。

2. 发动机润滑油更换周期与维护周期

确定汽车发动机润滑油的合理更换周期，也是确定整车维护周期的重要参照依据。因为润滑油更换合理与否，将直接影响发动机，乃至整车的使用寿命和油品的使用经济性。我国汽车用户对发动机润滑油更换的原则主要是以汽车制造厂推荐的换油周期为标准。

3. 汽车使用条件与维护周期

汽车使用条件包括汽车运行地区的地理环境、气候、风沙条件，汽车运行强度和燃料、润滑材料的品质等。应根据汽车使用条件的不同，结合汽车使用说明书的要求，确定汽车一、二级维护的周期和车辆维护作业。在汽车使用过程中，为确保汽车正常行驶，必须对汽车进行日常维护。日常维护是发挥车辆效率、减少行车事故、节约维修费用、降低能耗和延长车辆使用寿命的重要环节。

三、汽车维护的主要工作

汽车维护的主要工作是清洁、检查、紧固、调整、润滑、补给等项目。

1. 清洁

工作内容包括对燃料、机油、空气滤清器的清洁，汽车外表的养护和对有关总成、零部件内外部的清洁。

2. 检查

工作内容是检查汽车各总成和机件的外表、工作情况。

3. 紧固

紧固工作是使各部件连接可靠，防止松动。重点应放在负荷重且经常变化的各部件的连接部位上，以及对各连接螺栓进行紧固和更换。

4. 调整

工作内容是按技术要求，恢复总成机件的正常配合间隙及工作性能。

5. 润滑

工作内容包括对发动机润滑系部件更换或添加润滑油；对传动系及行驶系各润滑点加注润滑油或润滑脂。

6. 补给

对汽车的燃油、润滑油料及特殊工作液体进行加注补充，对蓄电池进行补充充电，对轮胎进行补气等。

四、日常维护

1. 日常维护的作业内容

日常维护是保证汽车正常技术状况的基础，由驾驶员负责完成。其主要作业内容是：坚持“三检”，即出车前、行车中、收车后，检查车辆的安全机构及各部件连接的紧固情况；保持“四清”，即保持机油、空气、燃油滤清器、蓄电池的清洁；防止“四漏”，即防止漏水、漏油、漏气和漏电；保持车容整洁。

2. 日常维护基本作业项目

(1) 出车前

1) 清洁汽车外表面及驾驶室。

2) 检查散热器存水量、燃油量、机油量，及有无泄漏现象。

3) 检查散热器盖、油箱盖、加机油盖等是否齐全。

4) 刮水器、反光镜、门锁、门窗玻璃及升降手摇柄是否齐全有效。

5) 喇叭、灯光仪表、汽车牌照和行车执照是否齐全、完好、有效。

6) 各电路线路是否有松动现象。

7) 各部油管、水管、气管及接头是否有泄漏情况。

8) 轮胎气压是否符合规定，清除胎纹间杂物。

9) 启动发动机，听有无异响，检查各部仪表工作是否正常。

10) 油门、离合器、转向机构、制动系统等连接传动部位是否牢靠。

(2) 行车中

1) 检查各部仪表工作状况。

2) 检查各种操作机构是否灵活有效。

3) 发动机、底盘有无异响和异味。

(3) 途中停车

1) 检查转向机构及其他操纵机构等各连接部位是否牢靠。

2) 检查有无漏油、漏气、漏水现象。

3) 检查轮胎外表及气压，清除轮胎胎纹间杂物。

4) 检查制动器有无拖滞和发热现象。

(4) 收车后

1) 清洁汽车外表及驾驶室。

2) 检查钢板弹簧总成情况。

3) 检查轮胎气压状况和两轮间是否有杂物。

4) 检查有无漏水、漏油、漏气现象，并补充燃油、润滑剂和制动液。

5) 检查冷却系，夏季定期换水以防堵塞，冬季未加防冻液的水应该放净。

3. 汽车日常维护作业的工艺流程

参见框图 3—2—1。

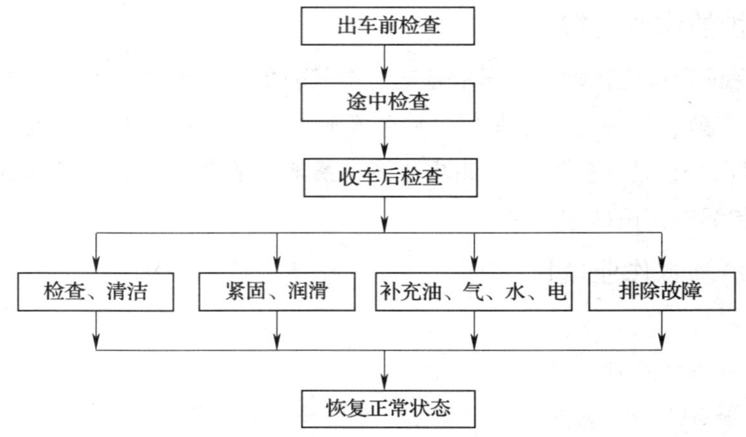

图 3—2—1　汽车日常维护作业的工艺流程

五、磨合期维护

磨合期内的维护内容比较简单（清洁、润滑、紧固），无特殊情况驾驶员自己可以完成。汽车磨合期里程一般为 1 000～1 500 km，有的车型为 2 000～3 000 km，部分进口汽车将首次维护里程定为 7 500～10 000 km。汽车磨合期的保养操作可分为汽车磨合前的保养、汽车磨合中期的保养和磨合后的保养。

1. 汽车磨合前的保养

汽车磨合前的保养是为了预防汽车出现事故和损伤，保证汽车顺利完成磨合期的作业。

(1) 清洁。清洁全车，检查汽车各部位的连接情况。汽车外露的螺栓、螺母必须紧固稳妥。

(2) 检查、添加燃油和润滑油。在润滑部位按规定加注足够的润滑油或润滑脂；使用规定牌号的汽油或柴油。

(3) 检查补充冷却液。检查补充散热器的冷却液，检查并排除全车的漏油、漏气、漏水和漏电现象。

(4) 检查底盘的技术状况。检查变速器换挡是否灵活；检查转向机构各部位有无松动和发卡现象；检查和调整轮胎气压。

(5) 检查制动性能。检查制动系统的性能，试车检查制动系统的制动距离，有无制动跑偏和制动滞后等现象，如不符合要求，应排除。

2. 汽车磨合中期的保养

汽车行驶 500 km 左右进行磨合中期保养，主要是对汽车各部技术状况开始变化的部分进行一次及时的保养，以恢复汽车良好的技术状况，保证汽车磨合顺利进行。

(1) 润滑。充分润滑全车各个润滑点。

(2) 检查。检查制动效能和各连接处、制动管路的密封程度，必要时加以调整和紧固。

(3) 紧固。新车行驶 150 km 后，需检查一次全车外部螺栓、螺母紧固情况；行驶 500 km 时，则应将前、后轮轮毂螺母紧固一次。

汽车在磨合期行驶过程中，注意观察各总成的温度情况，并随时检查和排除“四漏”情况。

3. 汽车磨合后的保养

汽车磨合期结束后，应到指定的汽车维修站进行磨合期保养。通过保养对汽车进行全面的检查、紧固、调整和润滑作业，使汽车达到良好的行驶状态。

(1) 检测气缸压力，清除燃烧室内的积炭。

(2) 清洗变速器、驱动桥、转向器并更换润滑油；拆卸变速器壳下面的放油塞，排泄变速器壳内机油；通过油面检查螺塞孔，将规定的机油注入变速器壳内，一直注到油面检查螺塞为止。

(3) 清洗润滑油道，更换润滑油及机油滤清器。

(4) 检查和调整制动性能，更换制动液。

(5) 检查和调整离合器踏板的自由行程，按规定力矩检查底盘和传动各部分的连接情况。

(6) 紧固前、后悬架的螺母，检查后悬架弹簧固定螺栓及螺母有无松动；检查、紧固车身、车厢各部分连接件。

任务实施

以小组为单位进行车辆日常作业，见表 3—2—1。

表 3—2—1　　桑塔纳 GLi 轿车日常维护作业操作表

序号	作业项目	方式	作业内容	竣工条件
1	检查轮胎	目测	检查各个轮胎气压 检查轮胎侧面有无裂缝 检查轮胎花纹 检查轮胎表面是否清洁	轮胎清洁，胎面无气鼓、裂伤、老化、变形及扎钉等，气门嘴完好

续表

序号	作业项目	方式	作业内容	竣工条件
2	发动机室外观检查	目测	检查各油管有无漏油 检查线路和各种插头、接头有无松脱 检查各传动带有无破损或丢失	传动带应无龟裂和过量磨损，表面无油污，各种线路、油管、插头和接头连接牢固
3	检查冷却液液面	目测	目测冷却系外观，冷却液液面应在上、下标线之间	每两年应更换，注意：如需补加，只能补加，不得与其他类型的添加剂混合使用
4	检查喇叭和刮水器	目测	检查喇叭和刮水器	附属装置齐全，刮水器、风窗洗涤器齐全有效
5	机油油位	目测	待发动机停转几分钟后，拔出机油尺，用布擦干净后再插回原处。再次拔出机油尺，读出机油液位	油位应位于两个标记之间
6	检查蓄电池	目测	目测检查蓄电池表面是否清洁，是否有液体流出；免维护蓄电池目视检查蓄电池状态指示灯；蓄电池桩头是否有松动或被腐蚀	蓄电池状态指示灯为绿色，无液体流出，桩头固定牢固
7	制动液和转向助力液液面	目测	检查制动液和转向助力液的液面高度	制动液：液面位于 MAX 和 MIN 之间；转向助力液：热态时，液面高度需接近最大刻度，冷态时不低于最小刻度
8	仪表中各个指示灯	目测	观察各仪表和故障指示灯	各指示灯均指示正常
9	燃油表	行驶中目测	燃油表指针不能低于红色区域刻度线	油量过少将影响到燃油泵的散热效果，降低其使用寿命
10	冷却液温度表	行驶中目测	正常行驶时冷却液温度表指针应该在红色指示灯左右	当冷却液温度报警灯亮时，应立即停车检查，确认正常后，方可继续行驶；若继续报警立即停驶

知识链接

为了使汽车在不同的地区、不同的季节里都能可靠地工作，在季节转换之前，结合定期维护，并附加一些相应的作业项目，使汽车能适应变化了的运行条件，这种附加性维护称为季节维护或换季维护。

季节维护主要有换入夏季和换入冬季两种情况。冬季来临，气温降低，尤其是北方天寒地冻，气温大多在零度以下，还经常会碰到风雪天气。冬季行车安全性应该是首先需要考虑的问题，因为每年冬季来临的时候，也到了汽车碰撞事故的高发期。因此，在安全驾驶的前提下，对车辆正确地维护和保养是必不可少的。

1. 车辆冬季维护

(1) 冬季轮胎的使用和维护

1) 冬季使用冬季轮胎的必要性。冬季轮胎除了能提供在非常光滑的路面行驶时所需的牵引力外，更重要的是它能帮助驾驶员更安全地操控车辆，以避免意想不到的危险。

2) 使用冬季轮胎的注意事项。注意在同一车轴上必须安装同一规格、厂牌、结构和花纹的冬季轮胎。冬季轮胎磨损至轮胎纵向沟槽中所设的磨损指示标志时（即所剩花纹沟深1.6 mm时）应停止使用，并更换新胎。使用正确的充气压力延长轮胎寿命，胎压务必在轮胎冷却后检查，轮胎气压不可太高，但是也不可过低。

(2) 冬季车身维护

在入冬前，最好能给车身加上一层质量较高的保护层，如封釉或镀膜等，以抵御酸性雨、雪、盐水的侵蚀。

雪后及时洗车，会对汽车起到很好的保护作用。但洗车最好使用温水，不要用冷水直接冲洗。尤其是发动机升温后，车前部温度较高，用冷水清洗会造成急速降温，这样骤冷骤热对车身涂面非常不利。更不能用冷水直接冲洗发动机。

(3) 冬季汽车底盘维护

汽车底盘一般是最容易忽略、也是最容易遭到腐蚀的部位，它同样会影响汽车的使用寿命。常年行驶的汽车，底盘上必然会附着一层厚厚的油污，局部还会生锈，严重影响散热，腐蚀车体。冬季除了气候寒冷的因素外，一些北方城市播撒的融雪剂中的化学药剂的某些成分对汽车底盘也会造成一定的腐蚀。因此，每年入冬前最好对底盘做一次封塑处理。做完封塑处理后的底盘不挂水，能有效杜绝雨雪的侵蚀。

(4) 冬季风窗玻璃维护

在冬季，使风窗玻璃保持清晰是安全行车的基本条件。平时，也可以在风窗玻璃内侧涂擦一些防雾剂，以防止玻璃起雾。同时还要重点检查有关加热装置，如风窗出风口、侧窗出风口、后窗电热器等，使其处于良好状态。对于玻璃上结的冰，可用柔软毛巾蘸温水擦洗，还可准备一个塑料刮片，将很难擦洗掉的冰轻轻刮掉。

注意千万不能用热水冲洗玻璃，更不能用滚烫的开水浇泼，否则容易引起玻璃炸裂。车窗被冻住时不要强行开关，电动车窗尤其要注意，应待其自然融化后再使用。冬季正确的除雾方法是用冷风除雾而不是热风。前风窗玻璃和车窗都应用冷风除雾，注意调节出风口及送风角度，后车窗可用除雾加热装置。早晨风窗玻璃上容易结一层厚厚的霜，影响视线。

(5) 冬季天窗维护

冬天的早晨要等车内温度上升，并确认解冻后再打开天窗。

汽车天窗密封条表面经过喷涂或植绒处理，为避免被冻住，喷涂处理的胶条最好能用软布擦干，再涂上滑石粉，切勿沾上油污。电动天窗设有滑轨，冬季时应经常清理滑轨四周，避免沙粒沉积，每次清理后如能再涂抹少许机油则效果更佳。

(6) 冬季防启动困难

冷启动困难的主要原因是发动机温度太低，所以平时只要注意对发动机进行保温，不让寒风直接吹进发动机室，就可以避免这一现象。最简单易行的方法就是在冬季停车时要注意车头的方向，最好让车头对着建筑物，利用建筑物来挡住寒风，防止发动机被寒风吹袭而过冷。如有条件，在夜间停车时，可将车头对着朝阳方向，使清晨的阳光能尽早照射到车头上，以帮助发动机升温，这样汽车发动时就会容易很多。

冬季应保持蓄电池有充足的电力，长期短途行驶的，要适当在高速上行驶一段时间，给电瓶充充电。此外，还应定期检查电路连接处，保证没有松动、腐蚀等现象。每次启动时间不要超过 5 s，3 次启动不了就不要再强行启动了，应该找专业维修人员排除故障。

(7) 冬季制动系统的维护

冬季要经常检查制动系统，看制动液面是否正常，注意制动有无变弱、跑偏，必要时清理整个制动系统的管路部分。雨雪天气后，制动盘片上会有雪水，晚间如果使用驻车制动，第二天早上盘片可能被冻上，要注意清理，缓慢制动。冰雪路面切忌急踩制动踏板。

(8) 冬季其他部位的维护

入冬前应对车灯做一次全面检查：检查所有照明及转向灯、紧急报警灯等汽车灯具是否能够正常工作；检查各种线路是否老化；检查各类熔丝是否松动；检查暖风水管及暖风水箱，看暖风水箱有无漏水，出风口出风是否正常；还要注意风扇运转情况等。

2. 车辆夏季维护及春秋季节的养护

(1) 夏季汽车的使用和维护

1) 夏季发动机室维护。

①防汽油、水过度蒸发。高温下，汽油和水的蒸发都将加剧。这时就需要车主随时检查，注意油箱盖要盖严，还要注意防止油管渗油。水箱的水位、制动总泵内的制动液液面高度都要注意经常检查。一旦发现有异样或是不合规范时，要及时添加和调整。

②及时更换夏季润滑油。温度高，润滑油易受热变稀，抗氧化性变差，易变质，甚至造成烧瓦烧轴等故障。因此，应将曲轴箱和齿轮箱里换上夏季用润滑油，并经常检查润滑油油量、油质情况，如有异样及时加以更换。

③防止发动机过热现象。为防止发动机产生过热现象，要经常对汽车散热系统进行全面检测，如查看风扇是否正常，散热器是否有渗漏，是否缺少冷却液等。若散热器漏水，需及时修补或更换；若散热器缺液，需及时补充；若冷却液出现浑浊变质则需要更换。还应注意

风扇传动带不能沾机油，以防打滑，且传动带要尽量保持松紧适度。长途行驶途中要注意适时休息，尽量选择阴凉处，并打开发动机罩通风散热。平时也应多关注仪表盘内的水温表变化，若水温表指针偏高，应尽快检查。

④防冻液不可少。夏季在散热器里装上防冻液，就不容易被汽车散热器“开锅”所困扰了。此外，防冻液还有防锈、除垢的作用。夏季里，千万不要轻易把防冻液倒掉，也不要向防冻液内加水，这样做会影响防冻液的技术性能，到了冬季，再使用就很麻烦。

2）夏季车身维护。

①做好涂面保护。为防止酸性的潮气对涂面造成损害，最简单易行的办法就是给汽车打上一层保护膜，防止涂面褪色老化，如打蜡、封釉、镀膜等。

②做好天窗维护。入雨季之前，天窗经历了整整一个冬天风沙的侵蚀，在框架、密封条的缝隙里会存有许多沙土，如果不及时清理，在雨季到来时，会降低天窗的密封性，从而引起漏水现象。此时只需打开天窗，用软布和棕毛刷仔细清理一下框架里的沙土，就可以避免因被沙粒卡住而引起的漏水。

③防止车身锈蚀。车辆的前风窗处通常设有流水槽及排水孔，可以及时排掉雨水及洗车的积水，当车辆经过冬天、春天后，流水槽往往沉积了许多泥土及树叶，极易堵住排水孔，应及时疏通排水孔，以免排水不畅造成积水。当汽车在泥泞路面行驶以后，一定要及时进行清洗。在清洗时要仔细检查和清洁车门以及车身底部的水孔，特别是要及时清洗车辆下侧的空隙处，以彻底消除潮气的藏匿之处。此外，涂层剥落要及时修复，防止时间长了产生锈蚀。

④门窗密封要严密，晴天开门晒太阳。雨季到来前，应对汽车门窗的密封条进行一次全面检查，当密封条密封不严时应及时更换。雨季气候闷热，再加上空气潮湿，是各种病菌繁衍生长的黄金季节。因此，要特别注意加强汽车内室的防菌工作，使汽车内室保持干爽卫生，尤其是对汽车坐垫、出风口这些卫生死角更要做好清扫工作。要保持车内环境的干爽整洁，平时还应注意检查车内覆盖物的湿度。一旦遇到天气放晴，最好能将车辆停在日光下接受日晒。打开车门及车窗，让室内空气对流一番，被晒热的车身很快就会排除内部积存的水汽。此外，阳光中的紫外线还具有杀菌消毒的功能。

⑤经常进行车内消毒。雨季是传染病多发季节，车主常常在车内喷点消毒液进行杀菌灭毒，但是这种方法有时会对汽车内饰等部件造成损坏，而且还会产生水汽，使车内本已有的潮气又大大增加。因此，雨季最好能使用光触媒、臭氧等方法进行消毒。

⑥避免在积水中行驶。雨天汽车应尽量避免在积水中行驶，以免污水溅入车辆发动机罩内的电气部分。路过水坑时，要降低车速。如果车辆在积水中行驶，一旦发生发动机熄火情况，切忌立即启动发动机，以免将水吸入发动机内而造成损坏。

（2）车辆春秋季节的养护

春秋季节是冬夏季节的过渡阶段，这时要对车辆做好入夏和过冬的准备，及时换油、换液。春秋季节空气干燥、温差大、风沙大，在这样的气候条件下，车身容易产生静电，涂面容易被划伤，车身就成了重点保养的对象。

任务3 汽车年审

学习目标

1. 能叙述汽车年审的内容及作用。
2. 能够按照汽车年审的流程进行汽车年审。
3. 能描述汽车年审的注意事项及相关法律法规。

任务描述

通过教科书、参考资料及网络等途径收集资料，获取汽车的年审流程和相关法律法规以及注意事项。以小组为单位进行车辆年审流程的模拟或到车管所参观车辆年审的流程，总结年审的主要流程和注意事项。

知识准备

一、汽车年审

汽车年审就是对汽车进行有无违章记录的审查和对汽车进行相应的年检。车辆年检，就是指每个已经取得正式号牌和行驶证的车辆都必须要进行的一项检测，相当于每年一次按《机动车运行安全技术条件》给车辆做体检，及时消除车辆安全隐患，督促加强汽车的维护保养，减少交通事故的发生，也就是我们平时所说的验车。

二、汽车年审相关的法律法规

1. 老规定（2014年9月1日之前）

（1）小型、微型非营运载客汽车年检规定

小型、微型非营运载客汽车6年以内每2年检验1次；超过6年的，每年检验1次；超过15年的，每年检测2次，尾气检测随年检日期。这个规定是2003年9月开始实施的。所以在这之前领取行驶证的车主，仍须按副证上签注的有效日期在2004年按时参加年检，合格后，有效日期会调整到两年以后与行驶证初登日期对应的年份。而2003年9月以后领证的车主不用担心，新车检验的时候有效日期已经签注到2年后与注册登记日期对应的月份。

（2）其他车型年检规定

1）营运载客汽车5年以内每年检验1次；超过5年的，每6个月检验1次。

2）载货汽车和大型、中型非营运载客汽车10年以内每年检验1次；超过10年的，每6个月检验1次。

3）摩托车 4 年以内每 2 年检验 1 次；超过 4 年的，每年检验 1 次。

2. 新规定（2014 年 9 月 1 日之后）

（1）新规定实行 6 年以内的非营运轿车和其他小型、微型载客汽车（面包车、7 座及以上车辆除外）免检制度。在此期间，每 2 年提供交强险凭证、车船税纳税或免征证明后，直接向公安交管部门申请检验标志。

（2）从 2014 年 9 月 1 日新规定实行起，公安交管部门可以提供小轿车异地年检和网上预约年检等服务，方便了车主，地市范围内机动车所有人可自主选择检验机构检验。

（3）车管所的检验机构，为了方便车辆年检，对预约年检的车辆开设了预约通道和窗口，车主在验车时减少了排队时间，可以直接上线检测，然后持检测合格报告单领取年检合格标志和环保标志。

三、汽车年审准备工作

1. 确定年审时间

年审的具体时间是根据“机动车检验合格标志”背面的时间节点来定的。以北京为例，车主可以提前两个月验车，逾期后还有 30 天的宽限期。也就是说如果你的车应该是 9 月份年审，实际上你可以在当年的 7 月 1 日到 10 月 30 日之间去年审即可。

2. 确定年审地点

年审的地点是汽车检测站。车主可以到相应的检测站进行年审。

3. 年审费用

汽车年审时会产生一定的费用，以某中队收费情况为例：

（1）私家小车定期检查的费用主要有两项：一是车辆安全综合性能检测费用，根据不同的车辆收费有所区别；二是车辆的单项检测费，包括废气检测费、烟度检测费、底盘检测费、侧滑检测费、轴重检测费、制动力检测费、灯光检测费、车速检测费、声级检测费。

（2）机动车安全技术检验费：人工检验减半收费，复检不收费。

（3）机动车安全检验费，为年度性收费，包括机动车季度检、年检、核发检验合格证等，逾期检验加收一倍收费，跨年度检验加两倍收费，交通安全设施维护费，为年度性收费。

（4）其他费用，如无灭火器、牌照框不合格等情况，车主也可自行购买。

4. 证件准备

（1）车辆行驶证、保险证和车主的身份证原件。

（2）初次检验（包括新车、过户转入）的车辆凭《机动车登记业务受理凭证》进行检验。

（3）定期检验的车辆凭机动车行驶证、机动车定期检验表、交强险保险证（单）以及路桥费（年票）的缴费凭证进行检验。

5. 其他准备工作及注意事项

（1）改装氙气大灯的汽车不易通过年审，车管所会对车辆的灯光进行检查。如果被检查出车辆的灯光过暗或者过强则会被视为不合格，不得通过年审。因此，在年检前需要提前对车辆灯光进行检查。如果灯光过暗，则应查看灯光线路以及灯泡是否老化，必要时更换相关部件。如果改装了氙气大灯，建议在年检前恢复原车大灯的状态，以通过检测。

（2）确保车辆制动性能良好，制动片该换则换，车辆的制动性能是车辆安全性的一个最重要的指标之一，在年审时是必检查项目。所以在年审前需要对制动系统进行提前检查。制动液以及制动片是制动系统需要重点关注的两个方面。制动液过脏或者含水量过高会导致制动偏软，制动片磨耗过大会导致制动力下降和制动异响。另外，同轴轮胎型号、花纹、轮辋也必须一致，经过检查对相应部位进行保养以便让汽车顺利通过年审。

（3）年审前必须先处理交通违章记录。交通违章记录未处理将影响年审的通过，请在年审前查询交通违章记录，如有违规请尽快缴纳罚款。交通违章罚款的缴纳，可到银行办理交通违章代缴业务即可。

（4）先办理车辆保险续保再参加年审。车辆年检都是以上牌时间为准的，如年审时恰巧也是保险到期的时候，如果保单即将在 15 天以内到期，一定要先办理续保再参检。申领合格标志时应当提交的资料：机动车牌证申请表、机动车查验记录表以及机动车安全技术检验合格证明，如果是单位车辆，请在年检时带公章，同时出具委托书，代理人应当出示身份证原件。

（5）年审前洗车，并注重底盘的清洁，在年审时车管所的工作人员会对车辆的车架号、发动机号以及底盘进行检查。事先对车辆车身、发动机舱、底盘等进行清洗能给检测人员提供方便，也有利于通过年审。

（6）把车身和风窗玻璃上的车贴以及影响视线的杂物拿掉。车身上贴大幅的装饰性车贴，或者贴上大幅炫目的车友会车标，都属于擅自改变车身外观的行为，年审时都无法通过。而前挡或者后挡玻璃下放太多装饰性杂物将阻挡驾驶员视线，影响行车安全，也将成为无法通过年审的因素。所以在年审前应该除去车身上的大型车标贴，并保持车内整洁，不要放过多的杂物。年检时，车身外观必须和行驶证一致，像车牌、雨刷、车漆等部位也要事先作一下自检。装大包围、尾翼，改排气管，换大轮胎等影响车身外观的外加装置均无法通过年检，车主需在年检前全部拆除并恢复车辆原样。

（7）灭火器和三角反光板是必备物品，如图 3—3—1 和图 3—3—2 所示。车辆的灭火器和警示牌都是年检时的必检物品。有些汽车在出厂时并不随车配备灭火器，三角反光板一般是随车标配。如果不全须在年审前配置完善。

图 3—3—1　三角反光板

图 3—3—2　灭火器

6. 汽车年检检查内容

(1) 检查发动机、底盘、车身及其附属设备是否清洁、齐全、有效，漆面是否均匀美观，各主要总成是否更换，与初检记录是否相符。

(2) 检验车辆的制动性、转向操纵性、灯光、排气及其他安全性能是否符合“机动车安全运行技术条件”的要求。

(3) 尾气检测。点燃式发动机汽车双怠速法排气污染物：CO、HC 的体积分数，过量空气系数 λ。压燃式发动机汽车自由加速法排气烟度：排气光吸收系数（对 2001 年 10 月 1 日起生产的汽车）或滤纸式烟度值（对 2001 年 9 月 30 日及该日期以前生产的汽车）。低速货车自由加速法排气烟度：滤纸式烟度值。

(4) 检验车辆是否经过改装、改型、改造，行驶证、号牌、车辆档案所有登记是否与车况相符，有无变化，是否办理了审批和异动、变更手续。

(5) 号牌、行驶证及车上喷印的号牌放大字样有无损坏、涂改、字迹不清等情况，是否需要更换。

(6) 大型汽车是否按照规定在车门两边用汉字仿宋体喷写单位名称或车辆所在地街道、乡、镇名称和驾驶室限坐人数；货车后栏板（包括挂车后栏板）外侧是否按规定喷写放大 2～3 倍的车号，个体或联营户的汽车，门的两侧是否喷写有“个体”字样；字迹要求清晰，不得喷写单位代号或其他图案（特殊情况需经车管所批准）。

任务实施

以某车管所年审汽车为例，根据要求某车已经到了年审期限，须立即前往车管所进行年审，具体任务如下：

第一步：尾气检测

先排好队，到收费窗口交检测费，等候上线。检测前会有工作人员进行初检，主要是核对发动机号与行驶证是否一致（如图 3—3—3 所示拓印号码），再简单查看外观、车况等，然后填写尾气检测表。检测时，由检测员开车上线，一般新车都很容易过关，拿到合格的尾气检测表就可以到窗口交钱领尾气合格标志。如果不合格，需要到汽修厂调试后重新上线，

图 3—3—3　拓印号码

当然要再交一次检测费。

第二步：查违章

到查询窗口领取并填写“机动车定期检验登记表”，可凭行驶证领取。填好表中事项交工作人员查询有无违章记录，没问题的表上会加盖“已核对，可验车”章，有违章的，拿着违章告知单尽快处理违章。

第三步：交押金

押金窗口缴 200 元押金，拿好押金条，领取并填写外观检验单。

第四步：外观检验

持外观检验单到外观工位，先查相关手续，核验第三者保险（强制性保险）是否在有效期内。手续查完之后才开始外观检验，这项检查主要看灯光有无破损、车身外观是否符合原样、悬架有无变动，还有天窗、备胎等。

第五步：上线检测

外观检验没问题，排队等候上线检测。检测线负责刹车、大灯（远光）、底盘等内容的检测，大概 5～10 min，车开下线就可以领到一张计算机打印的表，大致有制动、灯光、喇叭等项目，合格的项目打印“0”，不合格的打印“X”。一般都是灯光和刹车不合格，检测场都有调整灯光和刹车的地方。刹车调整后要重新上线，灯光不用重新上线，调完以后盖章即可。

第六步：总检审核

都过关了，准备一张身份证复印件，到大厅总检处签字盖章。

第七步：交费，领标志

各窗口交相关费用，退回押金，交费领“机动车检验合格标志”，标后和行驶证副证上均打印有效期。检验日期与行驶证的初登日期对应。绿标背后会写上有效期，就是下一次检验的月份。检字会打孔，有孔的月份就是下次检验的月份。

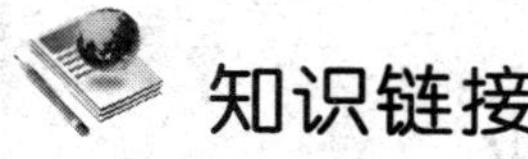

知识链接

一、道路货运车辆审验的内容

1. 是否具备从事相应道路运输的条件。
2. 道路运输证件是否合法、有效。
3. 车辆违章记录及处理情况。
4. 是否按规定进行车辆技术等级评定，车辆技术等级是否与经营范围相适应。
5. 是否按规定进行二级维护。
6. 是否与所属公司签订安全生产责任书。
7. 车辆结构及尺寸变动是否合法，货运车辆结构及尺寸变动是否符合治理超限超载运输规定。
8. 从事道路危险货物运输罐式专用车辆的罐体有无质量技术监督部门核发的有效质量检验合格证，是否按《道路运输危险货物车辆标志》（GB 13392—2005）的要求悬挂标志灯、牌，有无必需的应急器材和安全防护设施设备，是否有相关保险。
9. 车辆技术档案。

二、审验货运车辆时须携带材料

1. 身份证、车辆保险单、机动车登记证书。
2. 年度审验表。
3. 道路经营许可证、营运证原件。
4. 行驶证、从业资格证原件及复印件。
5. 安全生产责任书。

危险品运输车辆还须提供罐车罐体检验合格证、承运人责任险保单、押运员证、安全卡原件及复印件。

当备齐上述材料后，带车到汽车综合性能检测站进行审验。审验合格后到交通行政便民服务中心办理手续。

项目四　车辆维护典型作业

任务1　首 次 维 护

学习目标

1. 能通过车辆维修手册、驾驶员手册等资料获取车辆的主要基本信息。
2. 能对新车正确维护、恢复车辆的正常工作状态、检验车辆的性能，并做出正确评价。
3. 能正确填写首保交车检验单。

任务描述

一般新车行驶 5 000～10 000 km 就需要进行首次维护，比较常见的首次维护里程数是 5 000 km、7 500 km 或 10 000 km，车主应该在维修手册要求的里程内提前到 4S 店进行新车的首次维护。本任务通过新车的首次维护作业熟悉汽车维护的作业过程、所需材料和相关单据，为日后从事相关服务工作奠定基础。

知识准备

一、汽车首次维护

维护的主要内容是检查、调整、润滑。

1. 首次维护的作业内容

首次维护的作业内容除日常维护的作业内容外，以清洗、润滑、紧固、补给为主，并检查有关制动、操纵等安全部件。主要内容是：检查、紧固汽车外露部位松动的螺栓和螺母，按规定对润滑部位加注润滑脂，检查总成内润滑油面，加注润滑油，清洗空气滤清器、燃油滤清器、机油滤清器。

2. 首次维护基本作业项目

（1）发动机

1）检查润滑、冷却、排气系统及燃油系统是否渗漏或损坏。

2）更换发动机机油及机油滤清器。

3）检查冷却系统液面高度及防冻能力，必要时添加冷却液或调整冷却液浓度。

4）清洁空气滤清器，必要时更换。

5）检查火花塞，必要时更换。

6）检查 V 带状况及张紧度，视情况调整张紧度或更换 V 带。

(2) 底盘

1）检查离合器踏板行程。

2）检查变速器是否有渗漏或损坏。

3）检查球笼套是否损坏。

4）检查制动系统是否有渗漏或损坏。

5）检查制动液面高度是否标准。

6）检查轮胎气压、磨损及损坏情况。

7）检查轮胎螺栓的扭紧力矩。

8）检查轮胎花纹深度。

(3) 车身

1）润滑发动机舱盖及后备厢盖铰链。

2）润滑车门铰链及限位拉条。

3）检查车身底板密封保护层有无损坏。

(4) 电气系统及空调器

1）检查照明灯、警报灯、转向灯及喇叭的工作状况。

2）检查调整前大灯光束。

3）检查风窗玻璃、刮水器及清洗装置，必要时添加玻璃水。

4）检查蓄电池外形、电瓶桩极及电解液颜色。

5）检查空调系统是否泄漏。

6）检查清洁空调滤清器。

(5) 路试

检测整车各部件性能，发动机、底盘运行是否正常，无异响；各操纵部位符合技术要求；转向、制动系统灵敏可靠；各部件紧固无松动。试车后，检视各部无漏水、漏油、漏气和漏电现象。

虽然首次维护项目根据要求需检查的内容较多，但根据用户使用手册上的要求，重点是机油、机油滤清器及空气滤清器的检查与更换，见表 4—1—1。其他检查项目 4S 店根据自身的情况酌情进行处理，具体检查内容可参见新车 PDI 检查。

表 4—1—1　　**维护项目与周期**

维护周期与项目								
维护里程/km	机油及机油滤清器	空气滤清器	空调滤清器	汽油滤清器	变速箱油	转向助力油	制动液	火花塞
5 000	●	○/●	—	—	—	—	—	—
10 000	●	—	—	—	—	—	—	—

续表

维护周期与项目								
维护里程/km	机油及机油滤清器	空气滤清器	空调滤清器	汽油滤清器	变速箱油	转向助力油	制动液	火花塞
15 000	●	—	—	—	—	—	—	—
20 000	●	●	●	○	○	○	○	○
25 000	●	—	—	—	—	—	—	—
30 000	●	—	—	●	○	○	●	●
35 000	●	—	—	—	—	—	—	—
40 000	●	●	●	○	—	—	—	—
45 000	●	—	—	—	—	—	—	—
50 000	●	—	—	○	○	○	○	○
55 000	●	—	—	—	—	—	—	—
60 000	●	●	●	●	●	●	●	●

（●表示更换，○表示检查，—表示无此项目）

任务实施

更换机油、机油滤清器及空气滤清器

1. 根据委托汽车维修项目选择合适工位

注意：根据不同的情况选择不同的工位

2. 根据委托书维修项目，领取维修材料

注意：材料包括空气滤清器、机油滤清器、机油、油底壳放油螺栓

续表

	3. 根据维护材料选择合适工具
	4. 打开机油加注盖 注意：打开之后用工作布盖上
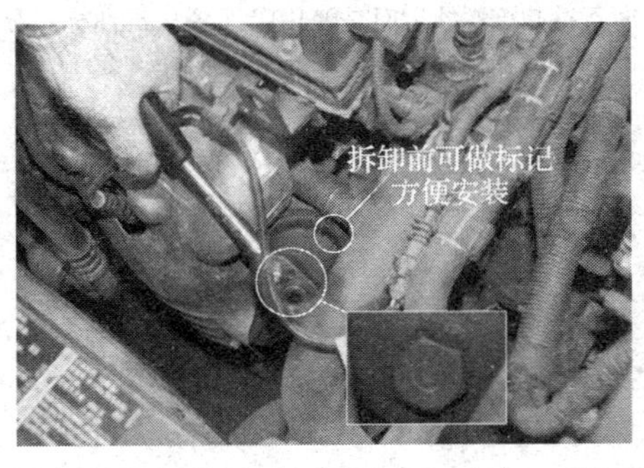	5. 使用 24 mm 的六角套筒结合棘轮扳手松开机油滤清器盖，取出机油滤芯并丢弃
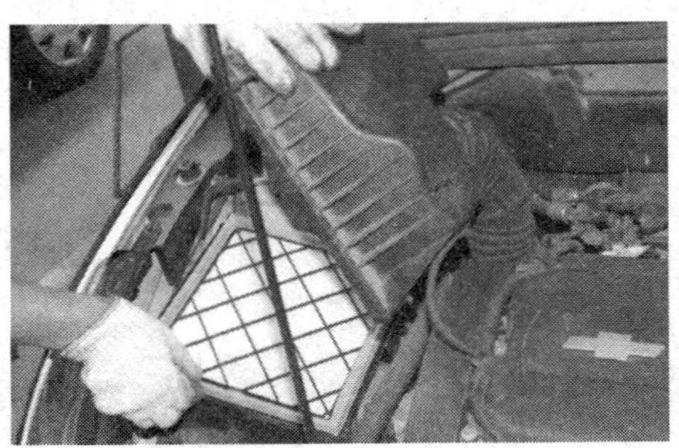	6. 更换空气滤清器 注意：在使用高压空气清洁空气滤清器时请注意压缩空气的方向，应从上向下吹，如图所示

续表

	7. 将车辆举升至高位
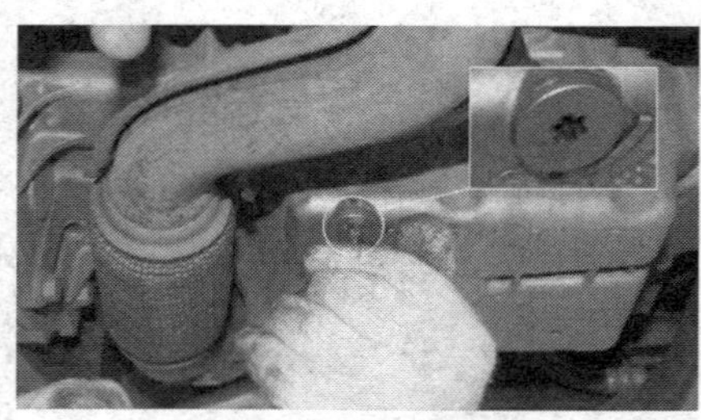 	8. 回收机油，松开放油螺栓 注意：使用的是 T45 的内六角梅花工具，多次使用后应及时更换，防止螺栓滑牙。部分 4S 店在排放机油时不拆卸该螺栓，而是使用吸油管从机油标尺导管进入，将发动机内的废机油抽出
	9. 检查轮胎 注意：检查轮胎气压、表面有无异物、磨损情况等

续表

	10. 拧紧放油螺栓 注意：拧紧力矩 14 N·m，切勿拧得太紧，防止螺栓滑牙
	11. 作业完毕降举升机
	12. 更换机油滤清器 注意：通常使用的机油滤清器结构只需要更换滤芯即可，将纸质滤芯卡在滤清器外壳内，并使用润滑脂均匀地涂抹在密封圈上
	13. 加注机油，需准备 4 L 机油 说明：不同车型的机油量不同，按照厂家的标准准备

续表

	14. 启动发动机 要求：运行 3～5 min
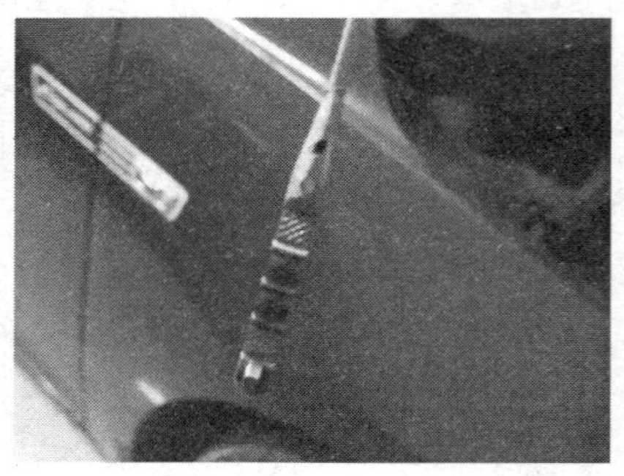	15. 发动机运行结束后关闭发动机，检查机油高度是否正常
	16. 仪表维护灯复位，部分车型已经不需要维护复位
	17. 填写维护单 要求：取下五件套，清洁车身

知识链接

一、维护注意事项

1. 维护前几天不要洗车，因为一般在 4S 店维护车后都会免费给清洗车辆。

2. 维护回来后，最好对维护的内容、时间、用料情况、费用等做一个翔实的记录，以备今后查验。首保必不可少的内容：

（1）对车辆发动机前舱内及全车的机械连接部位螺母全部进行检查并紧固（一个都不能少）。

（2）轮胎胎面及气压检查，顺便剔除轮胎上的小石子，前、后轮胎气压均充压为 240 kPa，四轮定位检查。

（3）更换机油及机油滤清器的滤芯，从更换出的机油情况看，判断发动机的机械加工精度是否良好，机油油色不是很黑、流动性较好、黏度不是很稠，证明机加工精度良好；如果放出的机油很黑且稠，说明磨合期内发动机及传动箱的机械金属表面磨损较大。其磨损大小和机械加工精度成反比（即加工精度高磨损低，加工精度低磨损高）。

（4）对全车灯光进行检查和调试。

（5）使用软件对车载电子系统进行检查，可增加调试行车 15 km/h 或 20 km/h 时车门自动落锁（停车时不能自动解锁，只能手动解锁）及停车后开关门锁鸣笛一次功能（不过鸣笛声太大了，夜晚在小区内泊车可能影响别人休息）。

（6）前、后车门铰链检查及添加润滑油，车门及天窗玻璃自动开启及关闭检查。

（7）检查发动机冷却液、风窗清洗液、制动液、电瓶液。

（8）最后对车辆底盘进行检查。

（9）行驶中检查减振和制动系统。

二、空气滤清器的基础知识

空气滤清器是空气进入发动机的第一道关卡，以减少气缸、活塞、活塞环、气门及气门座的早期磨损，起到保护部件的作用，如图 4—1—1 所示。

1. 空气滤清器检查的必要性

一般来说，春天的空气中会含有相对较多的灰尘和沙粒，空气滤清器容易发生堵塞，这时发动机就会出现不易启动、加速无力以及怠速不稳等症状，这时，对空气滤清器进行一次清理就显得非常必要。大气中含有 3 种密度不同的基本颗粒污染物，即灰尘、残渣和炭粒。在灰尘浓度较大的区域，如工地、风沙等区域，空气滤清器的检验和更换频率要高一些。在高速公路和交通拥挤的区域，因为汽车排放物集中，所以其空气中炭粒的含量明显偏高。对于空气滤清器的检查，应该仔细查看其皱褶内部深处。可以用高压风经常吹一下滤芯。有时，空气滤清器外部看似清洁，但是其内部已经非常脏了，此时必须立即进行更换。

图 4—1—1　空气滤清器

2. 空气滤清器的维护周期

空气滤清器可以对发动机进行预防性维护并非是夸大其词。在吸入空气与燃油混合之前，空气滤清器的功能就是滤去空气中灰尘、炭粒、部分水蒸气及其他杂物，保证清洁的空气进入气缸。理论上，每单位体积的燃油燃烧时，约需要有 1 万单位体积的清洁空气。一般汽车的空气滤清器在 20 000 km 要换一次。

三、桑塔纳 2000 首次维护保养的作业内容

序号	项目	作业内容	技术要求
1	点火系统	检查、调整	工作正常
2	发动机机油、机油滤清器	（1）更换机油 （2）更换机油滤清器 （3）检查机油压力及报警装置	（1）机油规格：JV 型发动机为 API SF 以上，AFE 型发动机为 API SG 以上；AJR 型发动机为 API SJ 以上；润滑油黏度等级（SAE 标准）根据环境温度选择 （2）机油总量为 3 L，液面高度（冷车时）应在油尺标记 max 与 min 之间 （3）机油滤清器在安装前应先注入机油，并在密封圈上抹一层机油；总成安装固定可靠、密封良好 （4）发动机预热后，在冲击载荷作用下，各部不应有渗油、漏油现象 （5）机油压力：怠速时低压处不小于 30 kPa，高压处不小于 180 kPa；机油压力报警装置性能良好、可靠
3	发动机空气滤清器、空压机空气滤清器、曲轴箱通风系统空气滤清器、机油滤清器和燃油滤清器	清洁或更换	各滤芯应清洁无破损，上、下衬垫无残缺，密封良好；滤清器应清洁，安装牢固
4	曲轴箱油面、冷却液液面、制动液液面高度	检查	符合规定
5	曲轴箱通风装置、三元催化转化装置	外观检查	齐全、无损坏
6	散热器、油底壳、发动机前后支垫、水泵、空压机、进排气歧管、输油泵、喷油泵连接螺栓	检查，校紧	各连接部位螺栓、螺母应紧固，锁销、垫圈及胶垫应完好有效
7	空压机、发电机、空调机传动带	检查传动带磨损、老化程度，调整传动带松紧度	符合规定

续表

序号	项目	作业内容	技术要求
8	转向器	检查转向器液面及密封状况，润滑万向节十字轴、横直拉杆、球头销、转向节等部位	符合规定
9	离合器	检查，调整	操纵机构应灵敏可靠；踏板自由行程应符合规定
10	变速器、差速器	检查变速器、差速器液面及密封状况，润滑传动轴万向节十字轴、中间承，校紧各部连接螺栓，清洁各通气塞	符合规定
11	制动系统	检查紧固各制动管路，检查调整制动踏板自由行程	制动管路接头应不漏气，支架螺栓紧固可靠。制动联动机构应灵敏可靠，储气筒无积水，制动踏板自由行程符合规定
12	车架、车身及各附件	检查、紧固	各部螺栓及拖钩、挂钩应紧固可靠，无裂损，无窜动，齐全有效
13	轮胎	检查轮辋及压条挡圈；检查轮胎气压（包括备胎），并视情况补气；检查轮毂轴承间隙	轮辋及压条挡圈应无裂损、变形；轮胎气压应符合规定，气门嘴帽齐全；轮毂轴承间隙无明显松旷
14	悬架机构	检查	无损坏、连接可靠
15	蓄电池	检查	电解液液面高度应符合规定，通气孔畅通，电桩夹头清洁、牢固
16	灯光、仪表、信号装置	检查	齐全有效，安装牢固
17	全车润滑点	润滑	各润滑安装正确，齐全有效
18	全车	检查	全车不漏油、不漏水、不漏气、不漏电、不漏尘，各种防尘罩齐全有效

任务 2　维护增补项目

学习目标

1. 能描述维护增补项目的内容。
2. 能对轿车进行增补项目维护作业。

任务描述

汽车在进行若干次常规维护后需要进行一次“大保养”，即车辆行驶 40 000～80 000 km 后根据车辆维护手册进行的较为复杂和系统的维护。由于此时汽车已经行驶了较长的里程，零部件达到了一个磨损的极限，因此，较之日常维护与首次维护多出了很多操作项目。本任务是通过教科书、维修资料及网络等途径收集资料，获取相关的车辆维护、维修的信息，进行增补项目的操作，熟悉作业过程、所需材料，为日后从事相关服务工作奠定基础。

知识准备

一、更换火花塞

火花塞出现问题会导致发动机动力不足、缺缸、加速无力等故障现象。具体的更换周期可根据火花塞的材质来判定，详见表 4—2—1。

表 4—2—1　　火花塞分类

序号	材质	更换周期	图片	适用车型
1	镍	30 000 km		现代、起亚、北汽、比亚迪等
2	铂金	40 000～50 000 km		上海大众、一汽大众、东风裕隆、东风风行等
3	铱金	100 000 km		东南、丰田、别克、福特等

1. 检查维护

火花塞技术状况除用专用仪器进行密封发火试验以外，还可采取下述方法检查。

(1) 触摸法

启动发动机，使其怠速运转，用手触摸火花塞绝缘陶瓷部位，如温度上升得很高很快，表明火花塞正常，反之为不正常。

(2) 短路法

启动发动机，使其怠速运转，然后用旋具逐缸对火花塞短路，听发动机转速和响声变化，转速和响声变化明显，表明火花塞正常，反之为不正常。

(3) 跳火法

旋下火花塞，放在气缸体上，用高压线试火，若无火花或火花较弱，表明火花塞漏电或不工作。

2. 拆装注意事项

火花塞（见图 4—2—1）是汽车日常消耗品，然而对于这么常见的零件大部分车主却鲜有关心。作为汽车发动机的核心，火花塞性能的好坏几乎能直接决定一部车性能的优良，所以应该经常检查爱车的火花塞。

图 4—2—1 火花塞

(1) 拔下高压线接头时应轻柔，操作时不可用力摇晃火花塞绝缘体，否则会破坏火花塞密封性能。

(2) 发动机冷却后方可拆卸，当旋松所要拆卸的火花塞后，用一根细软管逐一吹净火花塞周围的污物，以防火花塞旋出后污物落入燃烧室内。

(3) 螺栓周围、火花塞电极和密封垫必须保持清洁，干燥无油污，否则会引发漏电、漏气、火花减弱等故障。

(4) 安装时，先用套筒将火花塞对准螺孔，用手轻轻拧入，拧到约螺纹全长的 1/2 后，再用加力杠杆紧固。若拧动时手感不畅，应退出检查是否对正螺口或螺纹中有无夹带杂质，切不可盲目加力紧固，以免损伤螺孔，殃及缸盖，特别是铝合金缸盖。

(5) 应按要求力矩拧紧，过松会造成漏气，过紧使密封垫失去弹性，同样会造成漏气。锥座型火花塞由于不用密封垫，遵守拧紧力矩尤显重要。

二、制动液的更换与空气排放

制动液也称为刹车油，是制动系统的工作介质（见图 4—2—2），有很强的吸水性，空气中的水分会从分泵的密封圈处进入泵体并积存在那里，水会沸腾产生气泡导致制动

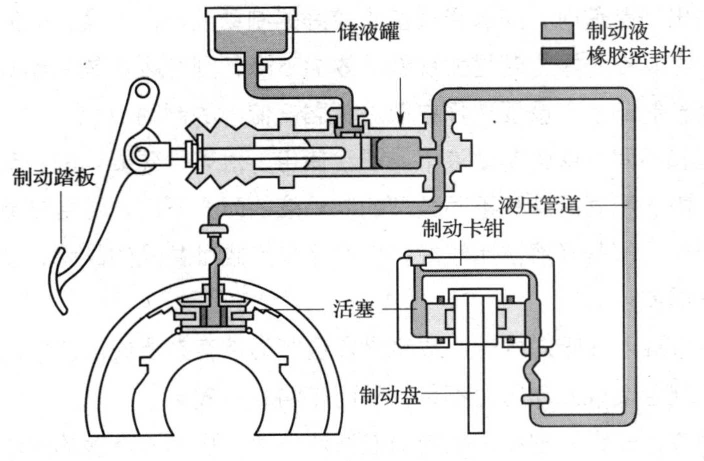

图 4—2—2 制动系统

失灵，严重影响安全性。水还会腐蚀分泵，使分泵生锈，活塞动作不灵导致制动失灵或回位失灵。

1. 准备工作

(1) 最好是三个人操作：一个负责放油，一个负责踩制动踏板，一个负责加新油。也可以两个人操作：一个负责放油，一个负责踩制动踏板和加新油。

(2) 换油前可拔掉保险座上制动灯的保险，使制动尾灯在踩制动踏板时不亮，延长灯泡寿命。换完了想着装回去。

(3) 比较正规的方法是要准备一根长度为 50 cm，内径在 6 mm 左右的透明软塑料管和一个有容量标记的透明塑料瓶。更换制动液时将软管一头插在分泵放油口，另一头插在塑料瓶中，避免废油飞溅和观察更换量。

(4) 准备新制动液 1～2 瓶，一般一瓶就够，为了清洗得更干净，两瓶也行，可留做以后补充用，但下次更换制动液时最好不再使用旧油。

(5) 10 cm 扳手一个。

注意：正常的制动系统不会泄漏制动液，制动液液面只会随刹车片逐渐磨薄而下降。

2. 注意事项

(1) 如果不小心将汽油、柴油、机油或者玻璃水混入制动液后，会大大影响制动效果，应该及时更换。

(2) 车辆正常行驶 3×10^4 km 或连续使用超过 2 年，制动液很容易由于使用时间长而变质，所以要注意及时更换。

(3) 装有制动液液面报警装置的车辆，应该随时观察报警指示灯是否闪亮，报警传感器性能是否良好，当制动液不足时应及时添加，储存的制动液应该保持在标定的最低容量刻度和最高容量刻度之间。

(4) 车辆在正常行驶中是否出现制动拖滞现象。

(5) 车辆制动出现跑偏时，应选择质量比较好的制动液予以更换，同时更换皮碗。

(6) 换季时，尤其在冬季，若是发现制动效果下降，则有可能是制动液的级别不适应冬季气候，此时更换新制动液，就要选择在低温下黏度偏小的制动液。

(7) 不同类型和不同品牌的制动液不要混合使用，对有特殊要求的制动系统，应加注特定牌号的制动液。由于不同品牌和不同类型的制动液的配方不同，混合制动液会造成制动液性能指标下降。即使是那些互溶性比较好，标明能混用或可替代的品牌，使用中也不尽如人意，因此也不要长期使用。

(8) 当制动液中混入或吸入水分，或者是发现制动液有杂质或沉淀物时，应该及时更换或者认真过滤，否则会造成制动压力不足，从而影响制动效果。

(9) 更换制动液，一定要把原来的制动液清洗干净，再加入新换的制动液。

三、燃油供给系统

1. 燃油供给系统的组成

电控发动机的燃油供给系统由燃油箱、电动燃油泵、燃油滤清器、燃油分配管、喷油器、燃油压力调节器等组成（见图 4—2—3）。对于不同类型的电控发动机，燃油供给系统的组成部件可能会有些差异，如有的电控发动机还有冷启动喷油器、油压脉动缓冲器等部件，但总体构成上基本相似。

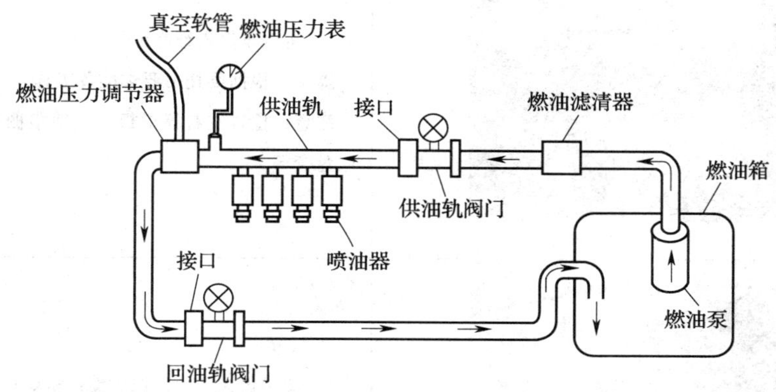

图 4—2—3　燃油系统结构原理图

2. 燃油供给系统的工作原理

电动燃油泵把燃油从燃油箱泵出并加压，经燃油滤清器过滤后送至燃油分配管，在燃油压力调节器的作用下使油压与进气歧管内气压差始终保持恒定，ECU 控制喷油器适时开启，将定量定压的燃油喷入进气歧管，多余的燃油经回油管回到燃油箱。

3. 燃油滤清器的更换维护

燃油滤清器的推荐更换周期应根据其自身的结构、性能和用途等的不同而有所差异，并不能一概而论。如果该滤清器安装在燃油管路中，则称为外部滤清器；反之，内部滤清器就是指安装在燃油泵和燃油箱内部的滤清器。其中燃油箱滤清器或其保护套通常被认为是免维护部件。

汽车滤清器正常维护的推荐更换周期为 40 000 km。另外，当滤清器软管出现由泥尘、机油等污垢造成的老化或裂痕时，需要及时更换该软管。许多进口车的燃油滤清器采用了鼓形管连接。为了保证连接密封的可靠性，切不可反复使用同一密封垫，另外，即使采用全新的密封垫，也必须检验其连接紧固后的密封性。当燃油系统需要更换“O”形圈时，必须要确保该“O”形圈规格型号准确无误，并检验该圈的弹性和硬度是否合适。

无回路的燃油系统仅有一只内部滤清器（在燃油箱内），虽然这种多位一体的泵、滤清器、输送单元价格昂贵，但是当燃油输送受阻或发动机性能因此而下降时，也必须及时进行适当地维护和保养。同时，还需检查所有燃油管路中的故障和在软管卡箍处的破裂和卷边情况。

任务实施

一、更换火花塞

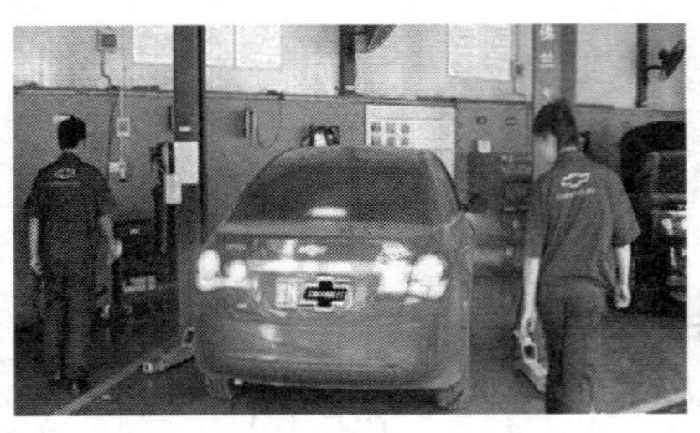	1. 将汽车停入维修工位 提示：根据委托书要求准备工具 注意：检查左右翼子板布、前格栅布、座椅套、转向盘套等
	2. 关闭点火开关，释放发动机盖拉锁，打开发动机盖
	3. 沿盖板箭头方向推动，拆卸发动机护盖
	4. 拆卸点火线圈导线连接器 提示：先解锁保险

续表

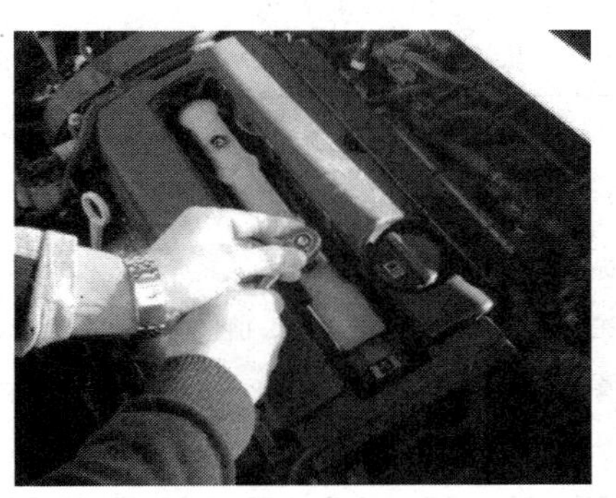	5. 拆卸点火线圈固定螺栓 注意：T14 mm 梅花
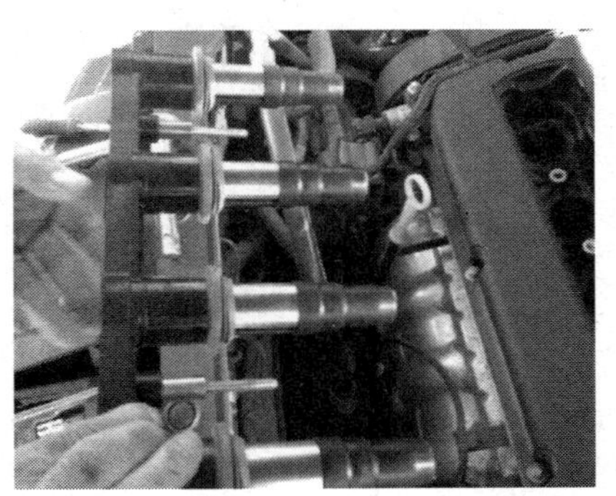	6. 拔出四个点火线圈 注意：轻拿轻放
	7. 依次松开火花塞
	8. 用点火线圈依次取出火花塞 更换新火花塞，按照拆卸的相反顺序装配 注意：火花塞安装力矩 30 N·m

二、更换制动液

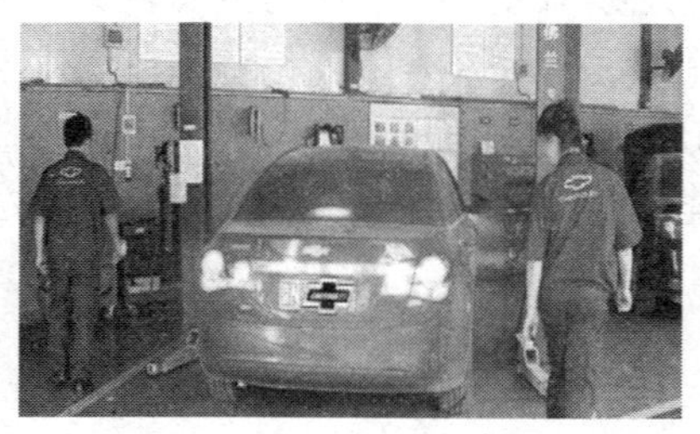	1. 将汽车停入维修工位 提示：根据委托书要求准备工具 注意：检查左右翼子板布、前格栅布、座椅套、转向盘套等
	2. 关闭点火开关，释放发动机盖拉锁，打开发动机盖
	3. 拆卸制动液加注盖 注意：不要拆卸制动液加注盖上面导线，以防产生故障码
	4. 连接制动液加注器 注意：制动液加注器连接好，要检查以防泄漏
	5. 将车辆举升

续表

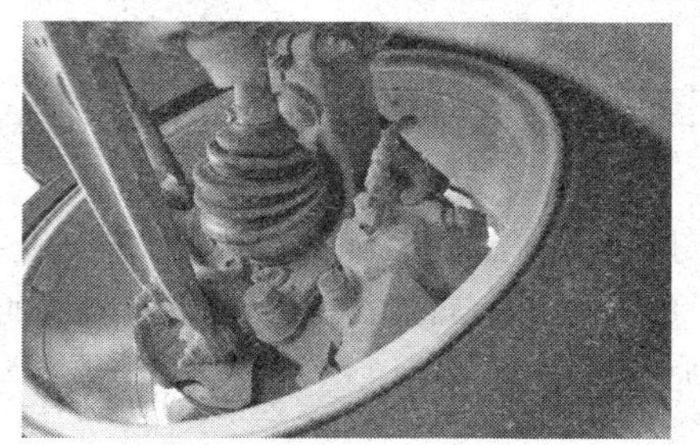	6. 拆卸制动器制动液排气孔防尘盖
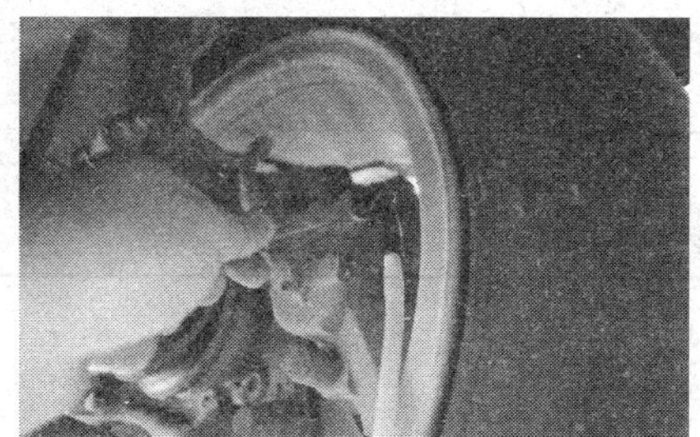	7. 连接制动液排油导管 注意：将制动液排油导管放入空制动液壶
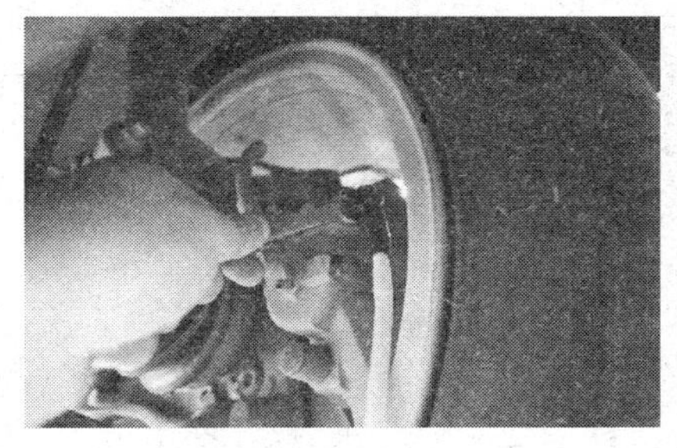	8. 松开制动器制动液排气孔螺栓 提示：螺栓松开有制动液流出
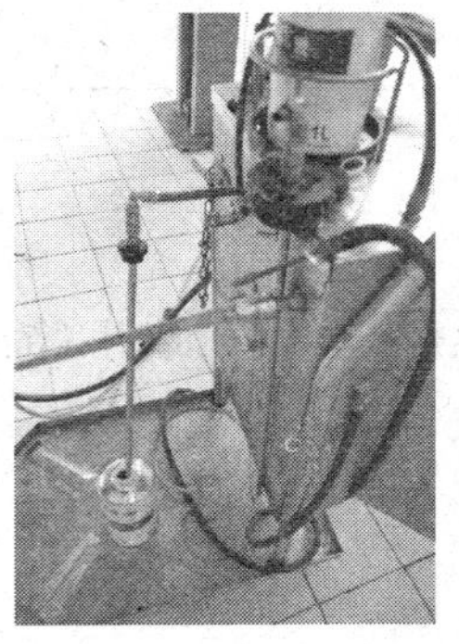	9. 制动器制动液加注器连接高压空气

续表

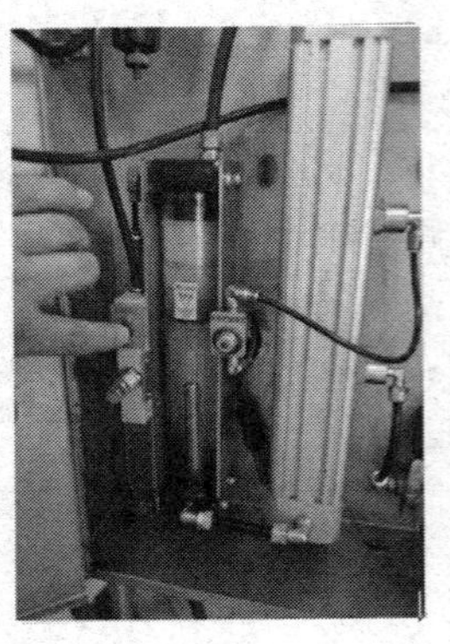	10. 将制动器制动液加注器压力阀打开 提示：关闭制动液加注器控制箱门，制动液加注器自动工作
当制动液加注器发出声音，关闭制动液加注器 提示：先断开高压空气再拧紧制动器制动液排气孔螺栓，最后拆卸各连接管路	

三、制动器拆检

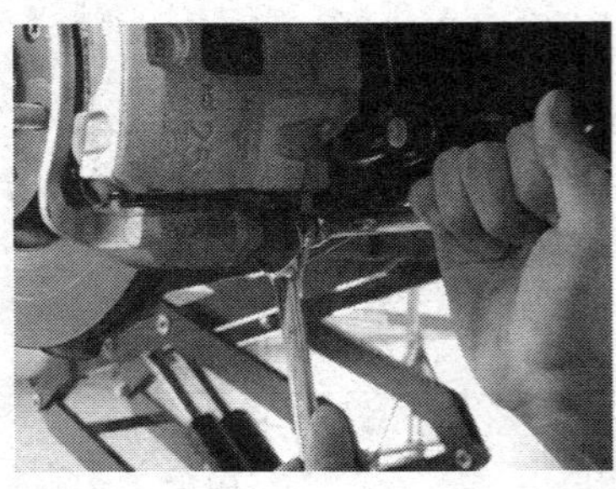	1. 使用一把 14—17 的开口扳手和一把 14—17 的梅花扳手，拆卸导向螺栓
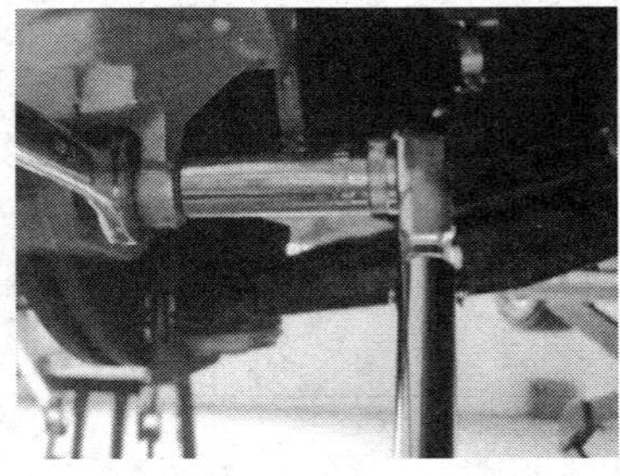	2. 取出导向螺栓
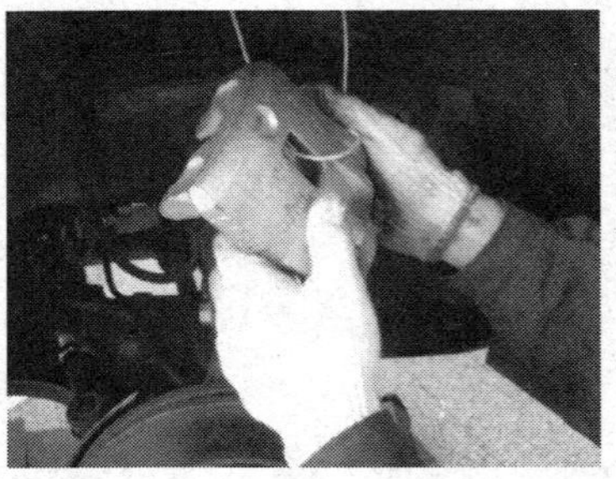	3. 用S形挂钩将制动钳壳体挂在减振器的螺旋弹簧上

续表

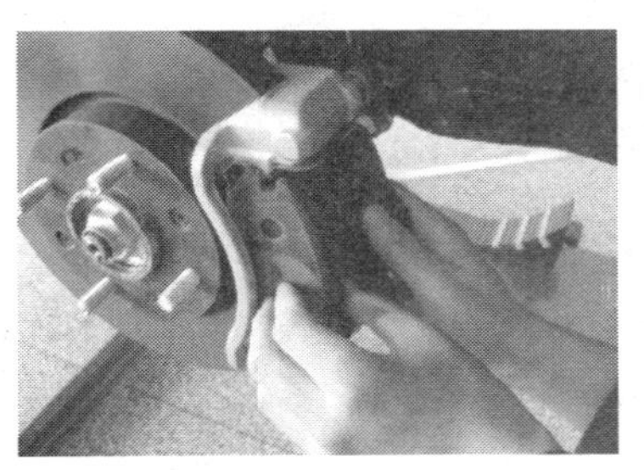	4. 取下内、外侧的摩擦片
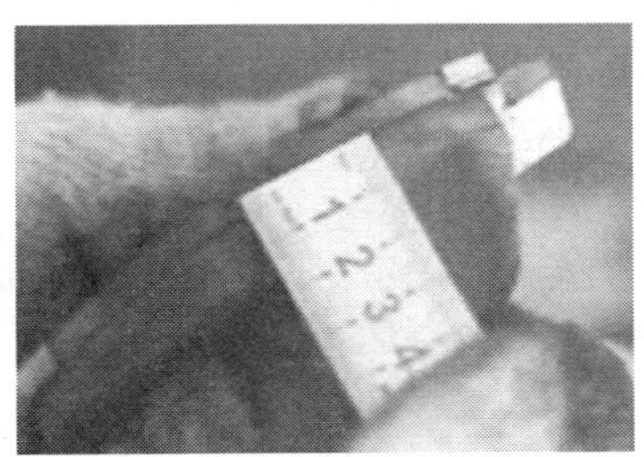	5. 通过钢尺检查制动器摩擦片的厚度 制动器摩擦片厚度（内、外侧）应为 10～12 mm。如厚度不足或有严重的不正常磨损应更换
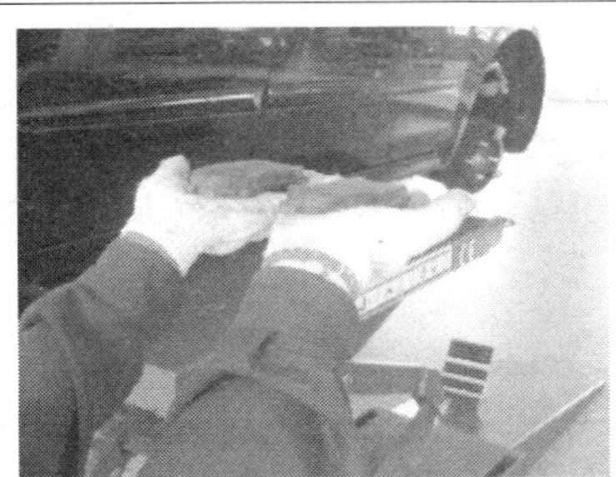	6. 目测检查制动器摩擦片的不均匀磨损
	7. 检查制动盘上是否有刻痕、不均匀或者异常磨损、裂纹或其他损伤。使用砂纸清洁制动盘
	8. 测量制动盘厚度 （1）清洁制动盘 （2）千分尺校零 （3）在离制动盘 10 cm 处测量，至少均匀测试 3～4 个点，取最小值（盘式转子盘厚度为 22 mm，极限值为 19 mm，如果不足应更换制动盘） （4）清洁千分尺

续表

	9. 检查制动卡钳中是否有液体渗漏
	10. 测量制动盘偏摆量 (1) 清洁制动盘 (2) 百分表校零 (3) 在离制动盘 10 cm 处测量制动盘的偏摆量 (4) 清洁百分表
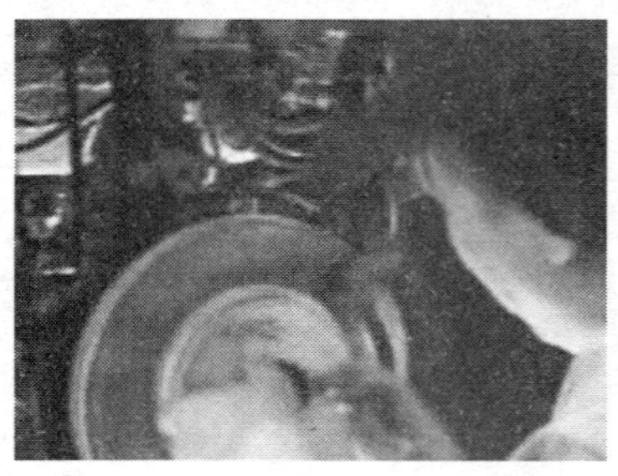	11. 先踩几下制动踏板以消除间隙。踩住制动踏板，用手转动制动盘，检查是否有制动拖滞现象

四、清洗节气门

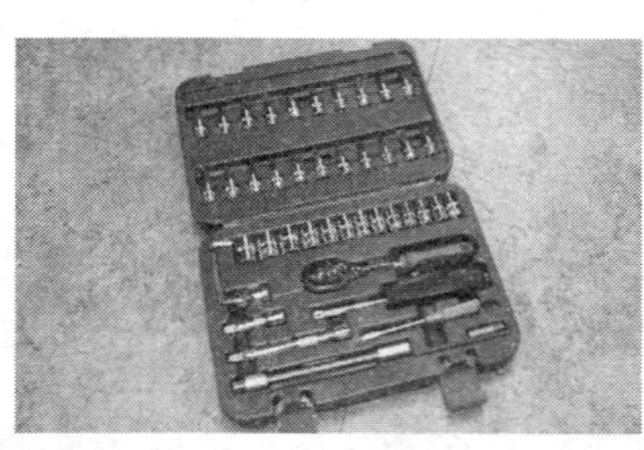 	1. 准备工具、节气门清洗剂

续表

	2. 找到节气门位置
	3. 要想拆下节气门，必须先将空气滤清器与节气门连接的软管拆下
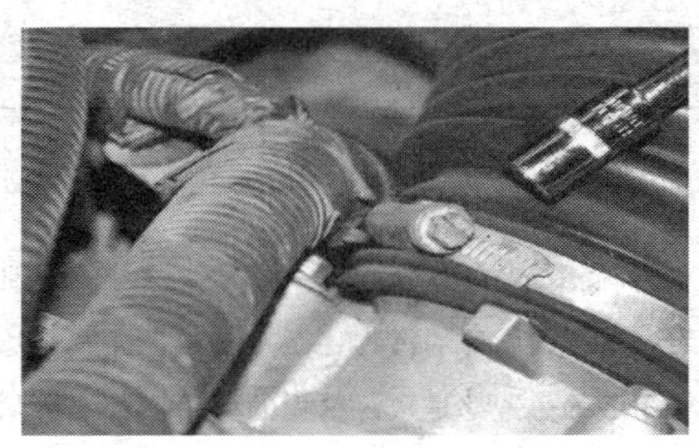	4. 优先选择用套筒拧螺栓，因为旋具容易使螺栓滑扣，套筒相对更安全一些
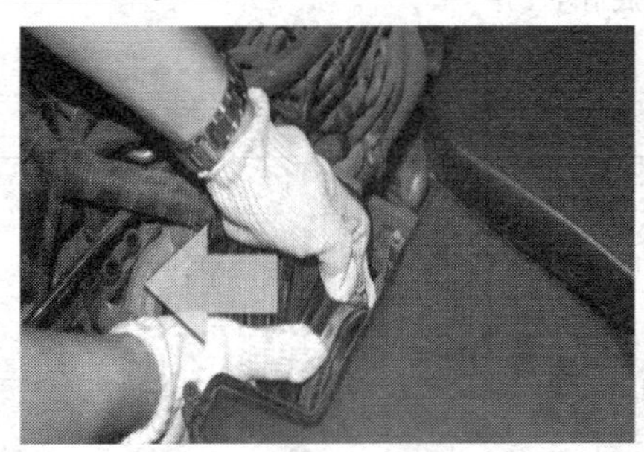	5. 螺栓拧松以后，双手拉住软管的一头，用力向后一退，软管就被摘下了。有些车软管可能不常拆卸或安装得比较紧，因此不太好卸，不要生拉硬拽，那样容易损坏软管，可以用力的同时尝试左右拧动，待整体松动后再用力退下
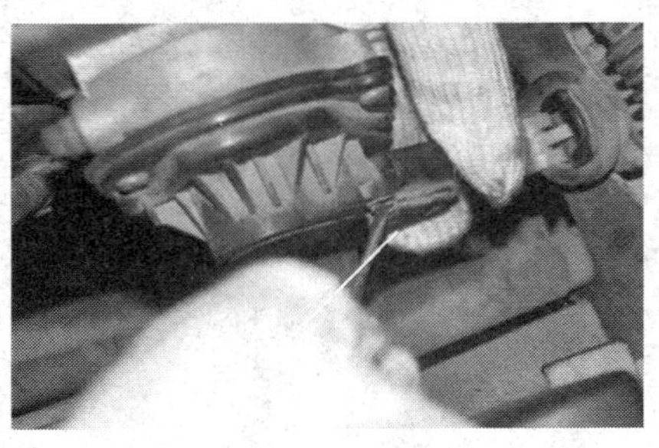	6. 将节气门完全拆下来清洗，节气门旁边会有一个插头，在拆除节气门之前需要将插头拔下。对于不常拆卸插头的车辆来说，插头可能比较紧，不好拆，此时可以借助小旋具在插头四周撬一撬，整体松动后就容易拆下了

续表

 	7. 拆卸完插头以后，下一步就是拆卸节气门了。节气门通常用 4 个螺栓固定，上方的两个螺栓比较好拆，下面的螺栓位置有些尴尬。建议先拆卸下面两个不好拆卸的螺栓，以免最后拆卸它们时，由于上方螺栓已经拆除没有固定，节气门晃动造成拆卸下方螺栓难度增加。这里只需要借助工具将螺栓拧松即可，之后可以用手摘下螺栓会比较方便，但是要小心螺栓掉落在机舱内
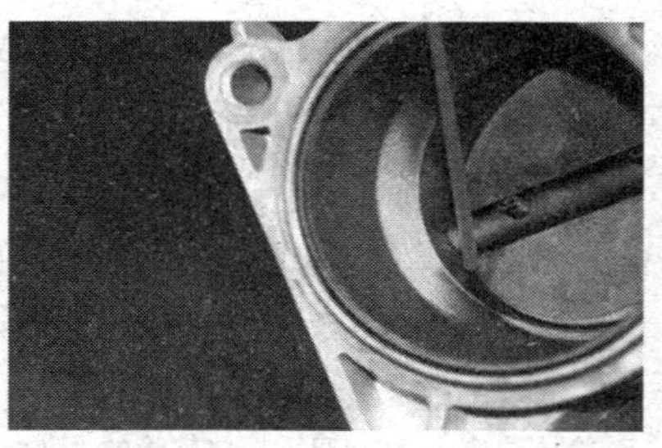	8. 摘下节气门以后观察就方便很多了，转到背面来看，节气门内部的污物还是很多的，尤其是边角、转轴附近的位置都是藏污纳垢的死角，若不拆除很难彻底清除干净
 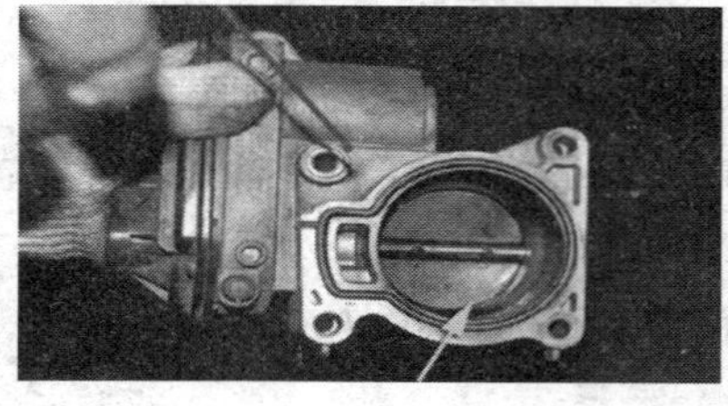	9. 清洗

续表

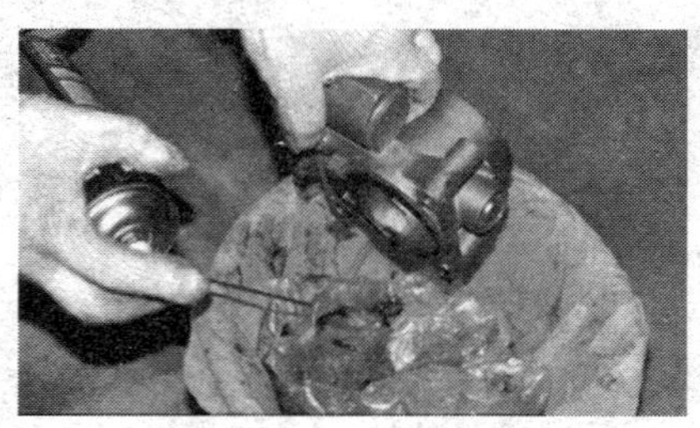	10. 轻轻一喷节气门内就干净了很多，这里建议清洗时最好对着垃圾桶，因为喷射的同时积炭会液化流下，容易弄脏环境。并且清洗剂有一定的刺激性气味，还有一定的腐蚀性，所以操作时最好戴上口罩，远离口、鼻、眼睛
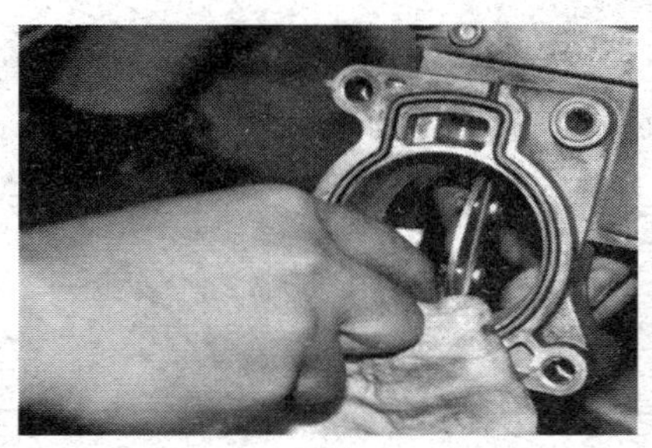	11. 全部喷涂到位以后，应当用棉布进行擦拭。为了擦拭得更彻底，此时可以摘下手套直接用手接触棉布擦拭节气门内部，虽然清洗剂会有一定的腐蚀性，不过短时间接触无妨，清洗完毕及时洗手就行了。这里需要特别强调一点，节气门中间的翻板尽量不要用手去触动，因为翻板本身比较脆弱，也是一个高精度配件，手动很容易影响它的开度，从而影响车辆状况。若真的很脏不得不清洗，一定要轻、要小心
	12. 清洗结束后可以内外检查一遍，没有问题就可以进行安装了。安装节气门的顺序就是拆卸时的逆向顺序
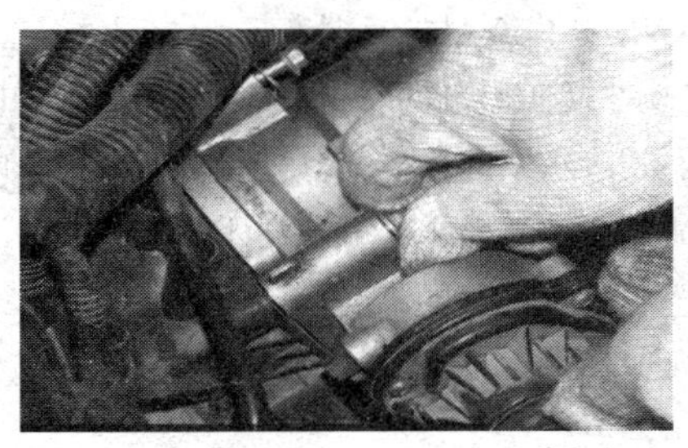	13. 固定节气门的四个螺栓可以先用手拧，因为手比较敏感，避免直接用套筒将螺栓拧歪，手拧后可以再用工具固定紧。随后将插头插好，插头的安装需要使点劲，听见“哒”的一声后说明固定住了
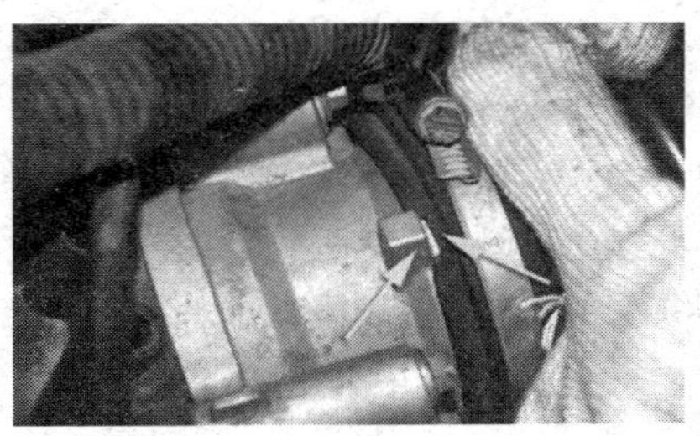	14. 节气门安好后就可以安装软管了，软管的两侧会有两个小凹槽，一大一小，分别对准两侧一大一小的凸起标识处即可。软管要完全套进两头中，如果安装困难，可以左右拧动的同时进行安装

续表

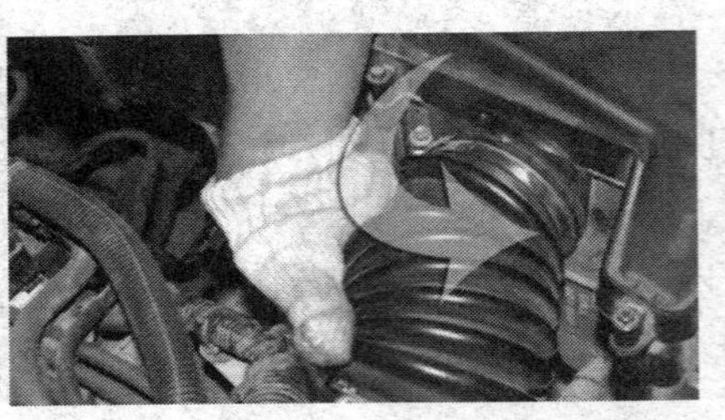	15. 待两头凹、凸点完全对上后，检查软管底部，确保下方也完全套入
	16. 拧紧铁箍上的螺栓

五、更换自动变速器油

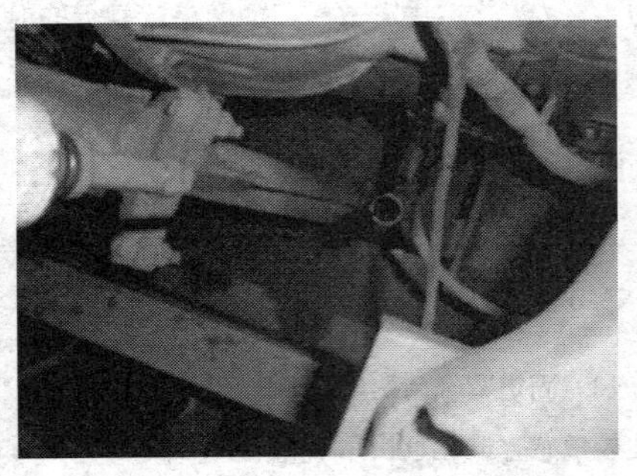	1. 自动变速器油面高度的检查 (1) 车辆行驶一段距离后，让变速器油液达到正常的工作温度 70～80℃ (2) 将车辆停在水平路面上，发动机继续运行，踩下制动踏板，将踏板在各个位置停留片刻，然后将挡位手柄回到停车位置，拉上手制动 (3) 发动机继续运转，从自动变速器加油口中抽出油尺，用干净的棉布擦净，然后再次插入油尺，抽出后检查油面高度，应该在热态的上、下线范围内
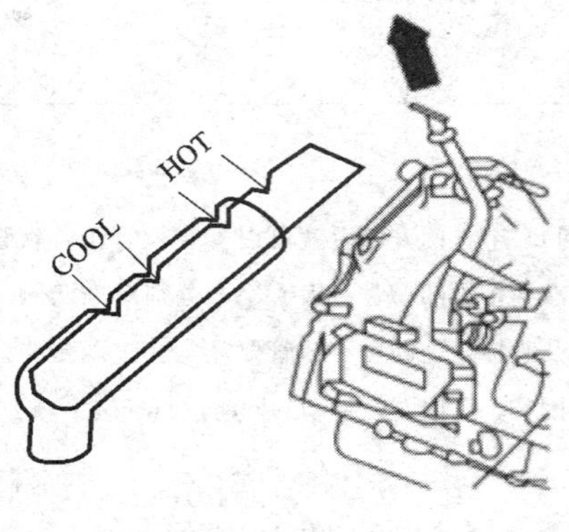	2. 油品质量的检查 (1) 将油尺上的油液沾少许放在手上捻搓，查看是否有渣粒存在，并感觉其黏度 (2) 检查油液是否有臭味，是否有烧焦的味道 (3) 油品质量良好时为鲜红色，无异味，无残渣，否则均应更换自动变速器油液

续表

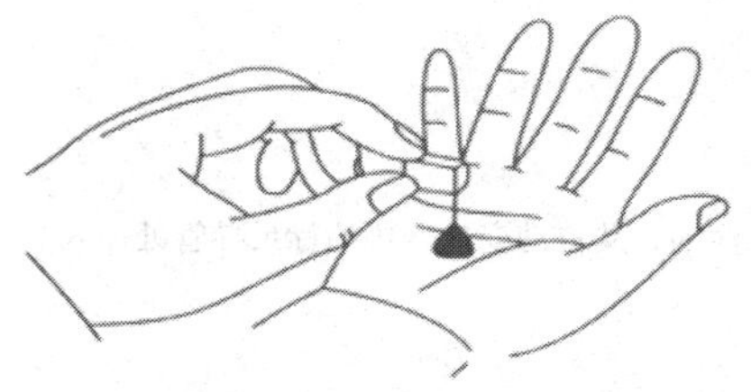	
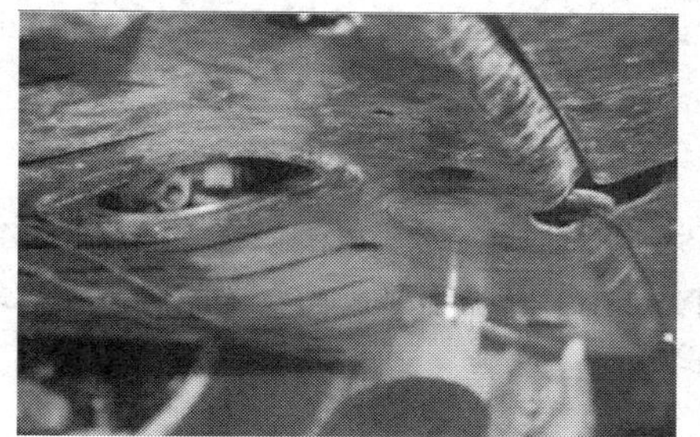	3. 拆卸汽车底板
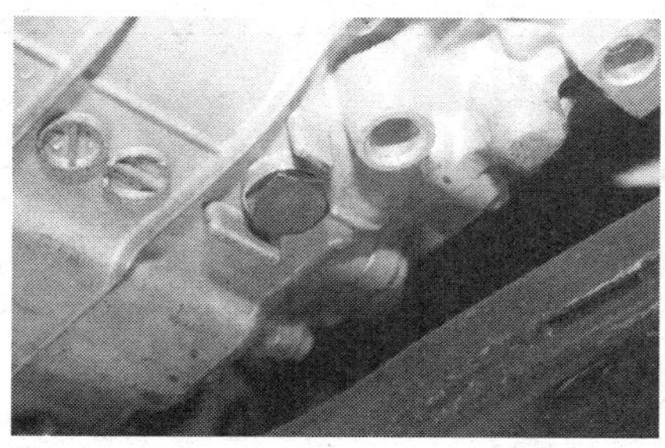 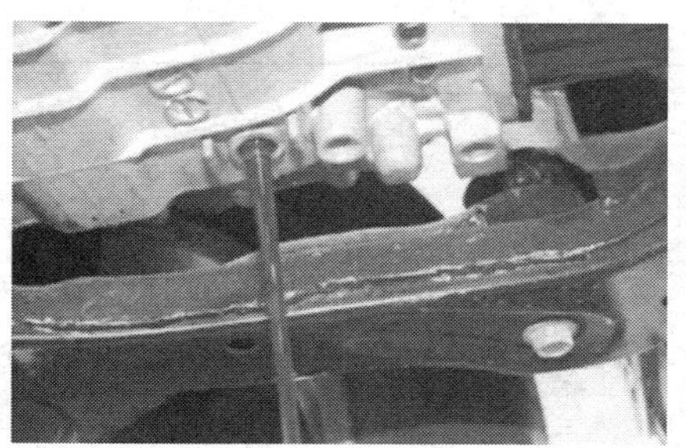 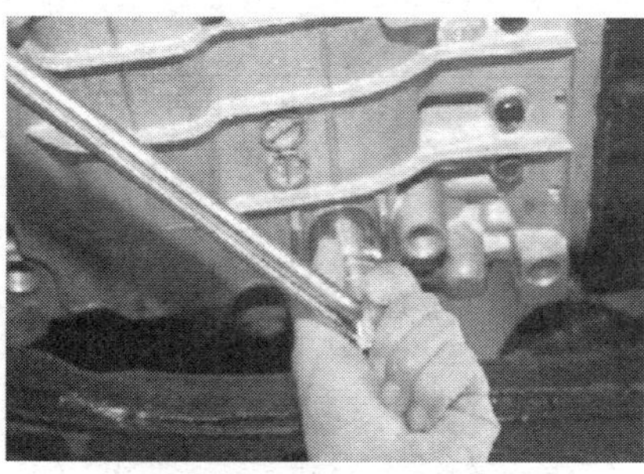	4. 放油，取下放油孔塞，放出自动变速器油，更换新衬垫后装回拧紧。也可使用吸油机从自动变速器机油标尺导管处将脏机油吸出

续表

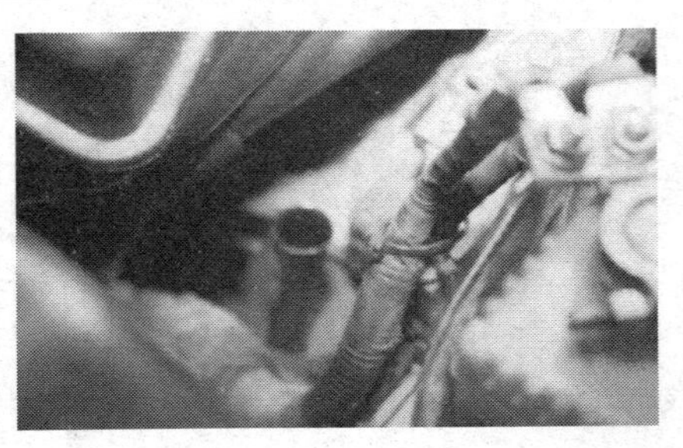	5. 注油，从自动变速器机油标尺导管处注入
	6. 启动发动机，在发动机怠速运转的情况下，移动选挡杆经所有的挡位后回到 P 挡位，然后再加油至规定的标准
	7. 紧固放油螺栓
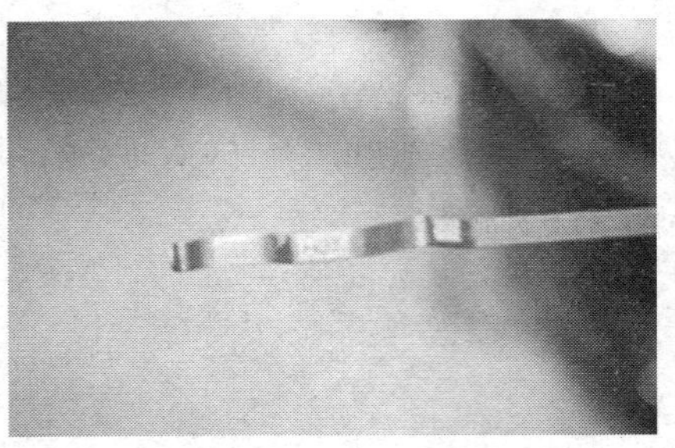	8. 检查自动变速器液位，液位应在 HOT 范围内，启动发动机检查自动变速器油液是否渗漏
	9. 装汽车底板，整理工位

六、燃油滤清器的维护与更换

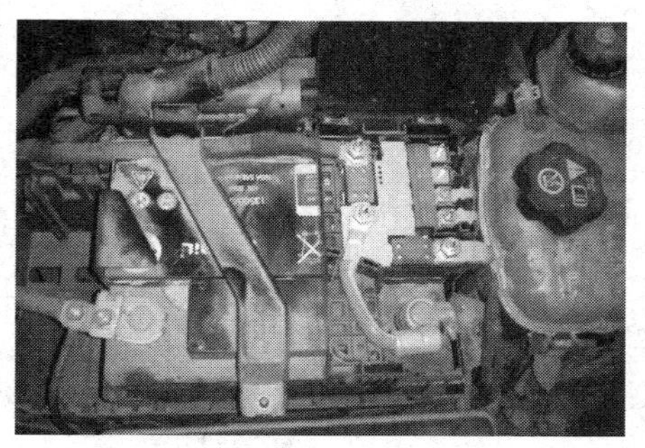	1. 打开发动机舱盖并拆卸蓄电池负极电缆（螺母紧固力矩 4.5 N·m） 注意：拆卸之前打开收音机并记录所有客户预设电台；确保所有车灯和附件关闭；将点火开关置于“OFF”位置，拔出点火钥匙
	2. 将举升机举升至高位，准备拆卸燃油滤清器滤芯 注意：请规范、安全操作举升机
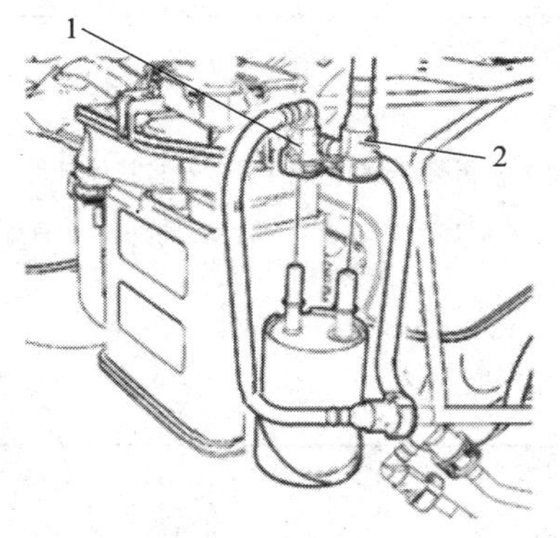	3. 从燃油滤清器上拆下供油管 1、2 提示：塑料挡圈快速接头拆装时请注意拆卸方法；用 EN－6015 螺塞闭合燃油通风口
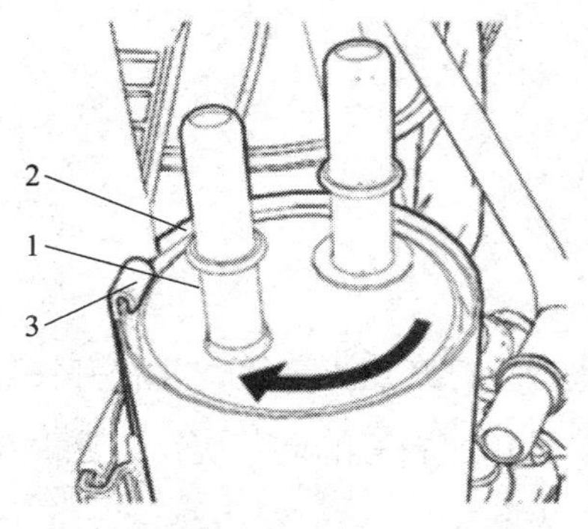	4. 转动燃油滤清器 1 直到卡夹 3 从边缘 2 完全松开

续表

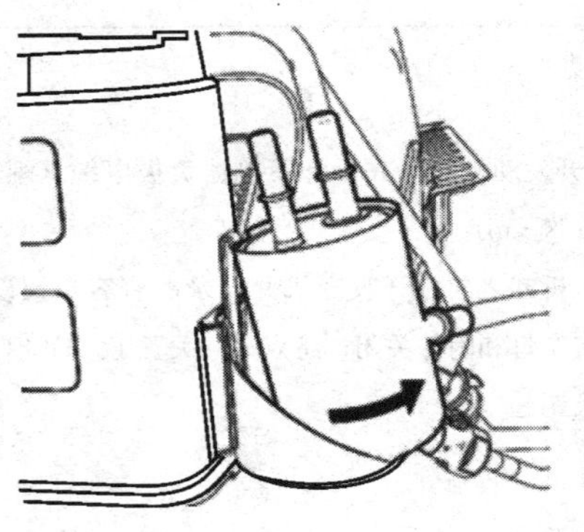	5. 沿箭头方向倾斜燃油滤清器
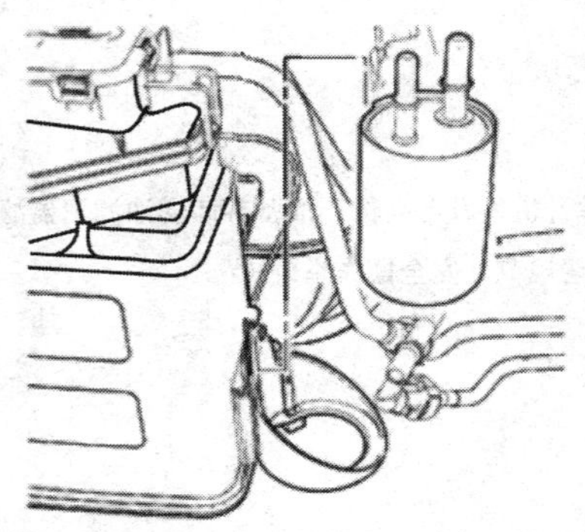	6. 拆下燃油滤清器
	7. 安装，按拆卸步骤相反的顺序安装其他部件 注意：完成后启动发动机，观察燃油滤清器有无漏油现象

知识链接

一、车辆维护复位与清洁

1. 宝来车维护复位

关闭点火开关。按下车速表旁的按钮，并保持该状态。打开点火开关，并松开按钮，这时里程显示屏上出现“Service”字样；顺时针转动发动机转速表旁的调节旋钮，这时维护周期就复位了，显示屏上的显示内容也就完成了；关闭点火开关。

2. 上海通用别克和君威机油维护灯归零方法与步骤

更换机油后，此系统必须复位。在点火开关处于“RUN”位置而发动机关闭情况下，在 5 s 内，慢慢地完全踩下并放松油门踏板 3 次。如果 CHANGE OIL SOON（立即更换机油）灯闪烁，则说明系统在复位。将点火钥匙转至“OFF”（关闭）的位置，然后启动车辆。如果 CHANGE OIL SOON（立即更换机油）仍然亮，则说明系统没有复位，重复以上步骤。

3. 桑塔纳维护灯归零步骤

（1）关闭点火开关，按住仪表右边按钮，打开点火开关。

（2）再按一下按钮直到灯灭为止。

4. 桑塔纳 2000 时代超人机油维护灯归零步骤

（1）关闭点火开关。

（2）在打开点火开关的同时，按下“SET”按钮。

（3）放开“SET”按钮后，再次按下“SET”按钮。

（4）关闭点火开关，再打开后即完成归零。

5. 帕萨特机油维护灯归零

仪表板显示屏上的 SERVICE 标志为维护周期指示标志，当点火开关在 ON 位置，显示屏上的 SERVICE 标志闪烁，而启动发动机后标志消失，表明该车应进行维护。维护后应进行维护灯归零，步骤如下：

（1）在发动机熄火的情况下，压下转速表下面的短程距离计数器复位按钮并按住。

（2）将点火开关置于 ON 位置，放开短程距离计数器复位按钮，显示屏出现 SERVICE 标志。

（3）拉出时钟上的分钟旋钮，向右转动分钟旋钮，显示屏上出现里程显示。

（4）将发动机熄火，提醒信息复位。

（5）将点火开关置于 ON 位置，SERVICE 标志消失。

（6）也可以用专用仪器如升级后的 OB—91 归零。

6. 朗逸机油维护灯亮清除

（1）打开点火开关，一手按住“复位”按钮，一手关闭点火开关。

（2）按住“复位”按钮不松手，直到仪表上的时钟和里程数完全不显示时（仪表上应无任何显示，黑屏），松开按钮。

（3）一手再次按住“复位”按钮后，重新打开点火开关。此时仪表上的维护提示灯在闪烁，按住“复位”按钮不要松开，等待维护提示灯不闪烁后，松开按钮。

（4）重新打开点火开关或启动车辆，检查是否清除成功。

7. 速腾维护灯归零

关闭钥匙门，按住 0.0 键后打开钥匙门等待两秒后松开 0.0 键，按一下（或按住）min

键，关闭钥匙门后着车。

8. 东风标致307轿车维护灯归零

在每次定期维护后应按以下步骤进行维护灯归零操作：

(1) 关闭点火开关。

(2) 按下组合仪表上的单次计程表归零按钮，并使按钮保持被按下的状态。

(3) 打开点火开关。

(4) 里程表显示屏开始倒计数。当显示屏显示0 000.0时，松开按钮，此时组合仪表显示屏中表示维护操作的扳手指示灯应熄灭。注意：此操作完成后，如果要断开蓄电池电缆，则必须将车辆锁上并至少等待5 min，否则归零不会被控制单元记录下来。

9. 一汽大众奥迪A6轿车维护灯归零

(1) 关闭点火开关，按住仪表板上右边的按钮。

(2) 打开点火开关，显示屏上显示SERVICE标志，按住仪表板上左边的按钮，直到显示下一次维护里程后再松开。

二、桑塔纳轿车30 000 km维护保养基本作业规程表

序号	维护项目	作业内容	技术要求
1	发动机机油，机油滤清器	(1) 更换机油 (2) 更换机油滤清器 (3) 检查机油压力及报警装置	(1) 机油规格：JV型发动机为API SF以上，AFE型发动机为API SG以上；AJR型发动机为API SJ以上；润滑油黏度等级（SAE标准）根据环境温度选择 (2) 机油总量为3 L，液面高度（冷车时）应在油尺标记max与min之间 (3) 机油滤清器在安装前应先注入机油，并在密封圈上抹一层机油；总成安装固定可靠、密封良好 (4) 发动机预热后，在冲击载荷作用下，各部不应有渗油、漏油现象 (5) 机油压力：怠速时低压处不小于30 kPa，高压处不小于180 kPa；机油压力报警装置性能良好、可靠
2	空气滤清器、进气预热装置	(1) 清洁空气滤清器壳，更换空气滤清器芯 (2) 检查冷却液预热加热导管和热敏开关（JV型发动机） (3) 检查进气歧管电加热器电气线路和热敏开关（JV型发动机）	(1) 空气滤清器清洁，密封良好，安装可靠 (2) 恒温进气装置温控开关真空软管无破损，连接可靠，冷热空气转换开关工作灵敏、准确 (3) 加热导管无老化、破损，连接可靠，当冷却液温度低于60℃时，进气管电加热器开始工作；当冷却液温度高于70℃时停止工作

续表

序号	维护项目	作业内容	技术要求
3	燃油系统	(1) 检查燃油箱 (2) 检查燃油管及接头 (3) 更换燃油滤清器 (4) 检查燃油泵 (5) 检测燃油压力和系统保持压力（电喷发动机）	(1) 油箱及其盖、垫完好，安装可靠，密封良好 (2) 燃油管无老化、裂损；接头无破损、渗漏，紧固可靠 (3) 燃油滤清器连同卡箍一起更换（电喷发动机每30 000 km即进行更换），安装可靠，密封良好 (4) 燃油泵工作正常，无异响 (5) 燃油压力标准值（电喷发动机）：怠速时为230～250 kPa，急加速时为260～280 kPa；当油泵停止工作10 min时，系统压力应大于150 kPa
4	喷油器	(1) 检查喷油器的性能 (2) 每运行60 000 km清洗喷油器，检测喷油器开启压力 (3) 检查怠速及排放	(1) 喷油器清洁，动作灵敏，无滴油、漏油现象，开启压力标准值为280～320 kPa (2) 在热机、点火正时准确、PCV（曲轴箱强制通风）阀取下并堵住时调整怠速；怠速平稳，加速良好，怠速值为（900±50）r/min，排放符合国家排放标准
5	燃油蒸发控制装置	(1) 检查软管及接头 (2) 检查活性炭罐电磁阀动作情况	(1) 软管无老化、裂损，连接可靠，无泄漏 (2) 活性炭罐电磁阀动作灵敏
6	曲轴箱通风（PCV）装置	检查、清洁PCV阀、PCV滤清器、通气软管	(1) 各阀门无堵塞、卡滞现象，灵敏有效 (2) PCV滤清器清洁、工作正常 (3) 通风系统管路清洁、畅通，连接可靠，不漏气
7	三元催化转换器、氧传感器	(1) 检视外观及连接状况 (2) 检查三元催化转换器内部是否破损、堵塞 (3) 检查三元催化转换器的性能	(1) 氧传感器完好，工作有效 (2) 三元催化转化器上的保护壳应完整，连接牢固；内部无破损，不堵塞，工作有效 (3) 各连接导管连接完好，无泄漏 (4) 每运行60 000～80 000 km更换三元催化转换器，每运行80 000～100 000 km更换氧传感器
8	发动机传动带及带轮	(1) 检查传动带及带轮外观 (2) 调整传动带挠度	(1) 传动带应无龟裂和过量磨损，表面无油污 (2) 带轮无明显端面跳动，轮槽无明显磨损，运转无异响 (3) 以约98 N的力下压传动带，各部件挠度：交流发电机处12 mm；水泵处10 mm；转向助力泵处5 mm (4) 正时带松紧度要求：用拇指和食指应能将其翻转90°，每运行80 000 km更换
9	配气机构	检查液压挺柱工作状况	发动机正常运转时，挺柱处不应有异响

续表

序号	维护项目	作业内容	技术要求
10	冷却系统	(1) 检查散热器、膨胀箱、箱盖压力阀及水管 (2) 检查冷却液品质及液面高度 (3) 检查水泵 (4) 检查节温器工作状况 (5) 检查冷却风扇工作状况	(1) 冷却系统各部无变形、破损及渗漏 (2) 散热器盖、膨胀箱盖结合表面良好、密封，箱盖压力阀清洁，不堵塞，能正常开启 (3) 冷却液液面高度应在储液罐上、下标线之间，冷却系容量为 6 L (4) 水泵无异响、渗漏 (5) 节温器工作灵敏、准确，在 (87±2)℃开启，水温表指示正确（系统正常工作温度为 90～105℃） (6) 冷却风扇运转平稳，高、低挡转速有明显变化，无异响；热敏开关工作灵敏、准确，低速挡在 95℃开启，高速挡在 105℃开启
11	分电器、高压线	(1) 清洁分电器 (2) 检查分电器各电极 (3) 检查分电器高压线及阻值 (4) 检查分电器轴与壳配合状况，并润滑 (5) 检查霍尔信号发生器转子，检查转子叶轮气隙 (6) 检查、调整点火提前角	(1) 分电器无油污；分电器盖不破损，无裂纹 (2) 各电极无烧蚀，中心电极若比标准长度短 2 mm 则应更换 (3) 高压线无破损、不漏电，接线端无缺陷，阻值符合规定 (4) 分电器轴与壳配合无明显旷动，径向间隙小于 0.1 mm (5) 转子叶轮无变形，气隙标准为 0.2～0.4 mm (6) 点火提前角：JV 型发动机 6°±1°；AFE 型发动机 12°±1°；AJR 型发动机 12°±4.5°
12	火花塞	(1) 清洁、检查或更换火花塞 (2) 调整火花塞电极间隙	(1) 电极表面清洁，间隙：JV、APE 型发动机 0.7～0.8 mm；AJR 型发动机 0.9～1.1 mm (2) 非长效型火花塞每运行 30 000 km 即更换；长效型每运行 60 000 km 即更换
13	进、排气歧管、消声器	检查、紧固进、排气歧管及消声器	(1) 进、排气歧管和消声器各部完好，无裂纹，无漏气，消声器性能良好；胶垫齐全 (2) 排气管固定可靠 (3) 进、排气歧管螺母拧紧力矩为 24 N·m
14	发动机支架	检查、紧固	发动机支架无变形和裂纹，支架胶垫无老化、开裂，支架螺栓连接牢固，拧紧力矩为 70 N·m。

续表

序号	维护项目	作业内容	技术要求
15	离合器	(1) 检查、调整离合器踏板自由行程 (2) 检查离合器的工作状况	(1) 离合器踏板自由行程：15～25 mm (2) 离合器结合平稳，不打滑，无异响，分离彻底，回位灵活
16	手动变速器、差速器	(1) 检查齿轮箱密封状况，紧固各部螺栓 (2) 检查变速器齿轮油油面高度及油质 (3) 清洁通气孔塞 (4) 检查、润滑变速器换挡操纵机构	(1) 齿轮箱外部清洁、无裂纹，各部连接紧固，密封良好，无渗漏油 (2) 齿轮油清洁，不变质，无焦味；油面应在加油口下边缘 (3) 通气孔塞清洁、畅通 (4) 换挡机构操纵灵活、轻便，作用正常，无异响、跳挡、乱挡现象
17	自动变速器	(1) 检查变速器液压油油面高度及油质 (2) 检查变速器液压油冷却器密封性 (3) 检查各传感器，测试主油路压力 (4) 检查操纵机构	(1) 自动变速器油面应在油尺 FULL 标记处；液压油规格为 DexronⅡ；液压油每运行 60 000 km 更换，同时更换滤芯 (2) 变速器液压油冷却器无损坏、渗漏，液压系统主油路压力符合原厂标准 (3) 换挡机构操纵灵活、轻便，作用正常，无异响、跳动、乱挡现象
18	驱动轴	(1) 检查防尘罩情况 (2) 检查驱动轴内、外万向节	(1) 防尘罩不得有裂纹、损坏，卡箍可靠 (2) 安装新防尘罩时不得使防尘罩内产生真空 (3) 万向节不松旷，无卡滞，无异响
19	转向器、液压助力泵、转向减振器	(1) 检查转向器、液压助力泵、储液罐等部件的密封性 (2) 检查液压助力泵油质及油面高度 (3) 检查转向减振器 (4) 检查液压助力泵工作状况	(1) 转向器、液压助力泵、储液罐密封良好，无渗漏；油管不变形，无阻滞 (2) 储液罐液面应在规定标线内 (3) 转向器防尘罩无裂纹、损坏，卡箍可靠 (4) 液压油品质良好，油面保持在刻度上线，液压油规格为 ATF 或 DexronⅡ，每运行 60 000～100 000 km 更换 (5) 转向助力装置工作良好，无异响

续表

序号	维护项目	作业内容	技术要求
20	转向传动机构、车轮定位及转向角	(1) 检查转向传动机构的工作状况，校紧各部螺栓 (2) 检查转向盘自由转动量 (3) 检查车轮定位，调整前束或校正、更换有关部件 (4) 检查、调整前轮转向角	(1) 转向拉杆衬套不松旷，各杆件无明显变形，球头不松旷，各部分螺栓连接可靠 (2) 转向盘位置正确，转向轻便、灵活，无自由转动量 (3) 车轮定位值标准如下。前轮：车轮外倾角为−50′±15′，左、右轮最大允差为10′；主销后倾角：机械转向为50′±30′，动力转向为1°30′±30′，左、右轮最大允差为30′；主销内倾角为13°47′，总前束角为8′±8′。后轮：车轮外倾角为−1°30′±20′，左、右轮最大允差为30′；总前束角为−12′±20′，左、右轮最大允差为20′（在2000年9月VIN代号为LSVACFD07YB103826之前的车辆，后轮前束角为25′±15′，外倾角为−1°40′±20′） (4) 转向角值：内轮为40°18′，外轮为35°36′
21	前轮制动器	(1) 拆卸、清洁各零部件 (2) 检查各件磨损情况 (3) 安装复原并润滑制动器总成，调整轮毂间隙	(1) 各零部件完好、清洁 (2) 制动盘表面不得有裂纹，制动盘厚度不逾限：LX系列10 mm，2 000系列17.8 mm；端面圆（外缘最大处）跳动量小于0.05 mm (3) 制动摩擦块表面无油污，无裂损，厚度极限值：2.5 mm（不含制动块） (4) 制动轮缸密封良好，回位自如 (5) 制动钳固定螺栓拧紧力矩：70 N·m (6) 轮毂转动灵活，无异响，轴向间隙小于0.1 mm
22	后轮制动器	(1) 拆卸、清洁各零部件 (2) 检查各件磨损情况 (3) 安装复原、润滑制动器总成，调整轮毂间隙	(1) 各零部件完好、清洁 (2) 制动鼓表面无油污，不得有裂纹、沟槽，制动鼓直径方向的磨损量小于1 mm，圆度误差小于0.1 mm (3) 制动摩擦片表面无油污，无裂损；厚度标准值为5 mm，磨损极限为2.5 mm (4) 轮毂转动灵活，无异响；轴向间隙小于0.1 mm
23	制动操纵系统	(1) 检查制动液品质、液面高度及制动液面指示灯开关 (2) 检查制动管路及接头 (3) 检查制动主缸和真空助力器工作状况	(1) 制动液不变质，液面高度应与储液罐液面标记平齐，制动液规格为N052766XO，每两年或运行超过50 000 km更换制动液 (2) 制动管路无破损、老化，不扭曲，汽车行驶时不碰擦汽车任何部件，连接牢固，各部无渗漏 (3) 制动主缸、轮缸及助力器密封良好，真空助力器工作有效

续表

序号	维护项目	作业内容	技术要求
23	制动操纵系统	（4）排除系统内空气 （5）检查踏板自由行程	（4）系统内无空气，制动效能良好，指示灯开关灵敏、有效 （5）制动踏板自由行程应小于制动总行程的 1/3
24	驻车制动器	（1）检查驻车制动器拉索及锁止状况 （2）检查驻车制动器自由行程 （3）检查驻车制动灯开关	（1）驻车制动器支架及各杆件、拉臂无明显变形，连接可靠；驻车制动器拉索不得有断裂或锈蚀，运动灵活 （2）驻车制动器生效齿数为 2～3 齿，20%正、反坡驻车有效 （3）驻车制动灯开关灵敏、有效
25	悬架	（1）检查减振器密封及连接状况 （2）检查摆臂与球头 （3）检查减振弹簧 （4）紧固各部螺栓	（1）减振器不漏油，上部连接支套无凸起、开裂，紧固可靠，减振作用良好 （2）当上、下晃动前悬架时，摆臂球头与制动器底板间的距离变化小于 0.8 mm，下摆臂衬套完好，配合无松动 （3）减振弹簧无损伤，定位可靠 （4）各部件无变形、开裂，连接可靠，拧紧力矩要求如下，前悬架：下摆臂与车架连接自锁螺母 60 N·m，减振器与车身连接自锁螺母 60 N·m；后悬架：下摆臂与车架连接自锁螺母 70 N·m，减振器与车身连接自锁螺母 35 N·m
26	车轮	（1）清洁检查轮辋及轮胎胎面 （2）进行轮胎换位 （3）检查、补充轮胎气压 （4）进行车轮动平衡	（1）轮辋无裂纹和变形 （2）车轮清洁，胎面无气鼓、裂伤、老化、变形或扎钉，胎面花纹深度大于 1.6 mm（不露出花纹磨损指示凸台），气门嘴完好 （3）轮胎气压标准（空载）：前轮 180 kPa；后轮 190 kPa；备胎 230 kPa （4）两前轮转动无明显偏摆，动不平衡质量小于 5 g （5）轮胎的安装和使用符合要求，轮胎螺栓拧紧力矩为 110 N·m
27	车门、玻璃升降器、发动机盖、后备厢盖	（1）检查、润滑车门、发动机盖铰链、拉索 （2）检查玻璃升降器工作状况	（1）车门、发动机盖和后备厢盖启闭灵活，锁止可靠 （2）车门玻璃完好、清晰，无裂纹，安装牢固，密封良好 （3）玻璃升降器升降自如，定位可靠，无卡滞，不自行下滑或上、下跳动

续表

序号	维护项目	作业内容	技术要求
28	车身、车架、安全带	(1) 检查、紧固各部分螺栓 (2) 检查安全带	(1) 车身承载部位无裂纹，无变形，车身外壳、底板各部分无严重锈蚀、损伤和变形 (2) 安全带齐全有效
29	座椅、车身内装饰	检查、紧固	(1) 座椅移位方便，锁止可靠 (2) 后视镜等其他车身内装饰齐全、完好
30	蓄电池	(1) 清洁外表及极桩、通气孔 (2) 检查电解液液面高度 (3) 测量端电压，补充充电	(1) 蓄电池清洁，支架完好，安装牢固，极桩无腐蚀，连接可靠，通气孔清洁、畅通 (2) 电解液液面高度符合规定 (3) 蓄电池放电电流大于 110 A 时端电压不低于 9.6 V
31	发电机及调节器	(1) 检查发电机运转情况 (2) 测试发电机输出电压	(1) 发电机运转平稳，无异响，连接可靠 (2) 发电机 1 000 r/min 时（用电器全负荷）输出电压应大于 12.5 V (3) 每运行 60 000 km 应解体维护发电机
32	起动机	(1) 检查外观，紧固连接螺栓 (2) 检查起动机工作状况	(1) 起动机外壳、整流子端盖和驱动端盖无裂损、变形，与发动机连接紧固 (2) 启动电磁开关工作灵敏、可靠，无异响 (3) 每运行 60 000 km 应解体维护起动机
33	照明设备、仪表，信号装置、喇叭，刮水器、洗涤装置，全车电器、线路	检查各部件是否齐全，工作是否正常	(1) 前照灯照射位置和发光强度符合《机动车运行安全技术条件》中的有关规定 (2) 其他灯光、喇叭、各仪表、信号装置齐全、功能有效 (3) 刮水器电动机运转无异响，刮水片安装可靠、动作位置正确，挡位清楚、可靠 (4) 洗涤装置完好、有效 (5) 各电器线路完好，不漏电，连接正确，卡位可靠
34	空调装置	检查空调系统工作状况、密封状况	(1) 制冷系统清洁、密封，制冷效果良好 (2) 暖气装置工作正常 (3) 控制装置工作正常
35	电子控制系统	检视电子控制系统仪表显示（包括 ABS、安全气囊、防盗器等）	电子控制系统仪表显示正常，否则应使用 V. A. G1551/1552 进行故障查询和数据阅读，并排除故障，然后清除故障代码